coleção primeiros passos 61

João da Penha

O QUE É
EXISTENCIALISMO

editora brasiliense

Copyright © by João da Penha, 1982
Nenhuma parte desta publicação pode ser gravada,
armazenada em sistemas eletrônicos, fotocopiada,
reproduzida por meios mecânicos ou outros quaisquer
sem autorização prévia da editora.

Primeira edição, 1982
19ª reimpressão, 2023

Capa: *Newton Mesquita*
Ilustrações: *Emílio Damiani*
Revisão: *Maristela Nóbrega*

Dados Internacionais de Catalogação na Publicação (CIP)
(Câmara Brasileira do Livro, SP, Brasil)

Penha, João da
  O que é existencialismo / João da Penha. --
São Paulo : Brasiliense, 2004. -- (Coleção
primeiros passos ; 61)

19ª reimp. da 1ª ed. de 1982.
Bibliografia
ISBN 85-11-01061-0

1. Existencialismo I. Título. II. Série.

04-0172   CDD-142.78

Índices para catálogo sistemático:
1. Existencialismo : Filosofia   147.78

Editora Brasiliense
Rua Antônio de Barros, 1586 – Tatuapé
CEP 03401-001 – São Paulo – SP
www.editorabrasiliense.com.br

Sumário

Introdução 7
I - Origem do termo 11
II - Antecedentes filosóficos 15
III - As correntes existencialistas 33
IV - Outras correntes existencialistas 107
V - Existencialismo e marxismo 111
Indicações para leitura 115
Sobre o autor 123

Dedicado a:
Zé e Zó
Felizardo (in memorian) e Zô
e ao dr. Adaucto Hissa Elian,
fraterno amigo e
kierkegaardiano amoroso.

Introdução

Logo após o término da Segunda Guerra Mundial, numa Europa mergulhada nas sequelas do conflito, sufocada numa crise geral (política, social, econômica, moral, financeira etc.), irradia-se do continente europeu, espraiando-se por todo o mundo, o movimento filosófico existencialista. A experiência traumática da guerra gerou um ambiente de desânimo e desespero, sentimentos que atingiram particularmente a juventude, descrente dos valores burgueses tradicionais e da capacidade de o homem solucionar racionalmente as contradições da sociedade.

O existencialismo surge e se desenvolve justamente em meio a essa crise, repercutindo à medida que suas teses correspondiam e esclareciam o momento histórico sobrevindo à guerra. Daí, certamente, o motivo por que o movimento se propagou tão rapidamente. Sua repercussão não se limitou às discussões acadêmicas nem aos debates nas páginas das publicações especializadas. Tanto quanto uma doutrina filosófica, o existencialismo passou também a ser identificado como um estilo de vida, uma forma de comportamento, a designar toda atitude excêntrica, que os meios de comunicação divulgavam com estardalhaço, criando uma autêntica mitologia em torno do movimento e seus adeptos. A imaginação popular caricaturava a figura do existencialista; aparência descuidada, cabelos abundantes e desgrenhados; brusco nas maneiras; mal asseado; avesso às normas estabelecidas; amoral, sobretudo, pois o existencialista típico, inimigo da hipocrisia, recusava a moral tradicional; depravado e promíscuo, promovia orgias, entregando-se aos prazeres mais degradantes.

Os existencialistas eram acusados de pregar ideias dissolventes. Sua reflexão filosófica, dizia-se, era mórbida, sombria, amarga, preocupada em explorar o lado sórdido da existência humana, fixando-se nas exceções da vida. Corruptos, amorais, degradadores, perniciosos, pregoeiros do desespero a se comprazerem no tédio e na melancolia. Enfim, uma torrente de injúrias cobria os existencialistas. Estes, em réplica, afirmavam que seu comportamento não podia ser julgado mediante os padrões vigentes, pois tinham como projeto (uma das palavras-chave do vocabulário existencialista), justamente lançar as bases de uma nova moral.

O interesse de que o existencialismo se tornou alvo espalhou-se até mesmo em manifestações genuinamente populares, como o carnaval brasileiro. Em inícios dos anos 1950, seguindo a tradição típica do repertório carnavalesco de satirizar acontecimentos da atualidade, uma marchinha fez enorme sucesso abordando o assunto. A letra da música exaltava a figura de uma mulher que só aceitava cobrir-se com uma casca de banana nanica, pois tratava-se de uma "existencialista, com toda razão/só faz o que manda/o seu coração".

Deve-se salientar, a bem da verdade, que a ideia popularmente divulgada do existencialista, se distorcida, tinha uma nota de ironia e humor que possivelmente irritasse menos os líderes do movimento – inimigos do "espírito de seriedade" tão cultivado pelos burgueses – que os ataques oriundos dos "bem-pensantes". O filósofo francês Henri Léfèbvre, referiu-se às ideias do mais eminente filósofo existencialista, Jean-Paul Sartre, como uma "metafísica da merda". Por sua vez, seu compatriota Jacques Maritain (1882-1973), católico, classificava a filosofia de Sartre de uma "mística do inferno". No Brasil, o pensador Tristão de Athayde escrevia: "Sartre, sem dúvida, é detestável". O escritor russo Ilya Ehrenburg (1891-1967) não fez por menos: confessou que inicialmente Sartre lhe inspirara piedade, para depois lhe despertar desprezo. Finalmente, o papa Pio XII, na encíclica que dedicou às correntes filosóficas modernas, destacou o existencialismo como uma das doutrinas que mais ameaçavam os fundamentos da fé cristã.

Mas, afinal, o que é existencialismo?

Cabe assinalar, primeiramente, que o vocábulo "existencialismo" pertence àquela categoria de palavras que, ganhando em extensão, perde em compreensão. Ao firmar-se como a corrente filosófica mais discutida nas décadas de 1940 e 1950, o existencialismo tornou-se sinônimo de fatos ou pessoas que desviassem do procedimento usual. Tudo que infringisse as regras estabelecidas, a linha divisória entre o certo e o errado, era considerado existencialista. Algo semelhante com o movimento *hippie*, onde bastava a recusa de alguém em cumprir os mais elementares preceitos de higiene e já se via incluído como integrante do grupo.

O emprego arbitrário do vocábulo "existencialista" acabou, assim, por transformá-lo num dos mais equívocos do léxico filosófico. Não é fácil, portanto, num trabalho introdutório, defini-lo em todos os seus aspectos e nuances, despojando-o das ideias preconcebidas e fantasiosas que ainda hoje o cercam. Pode-se, contudo, caracterizá-lo em seus traços gerais. Para isso, delimitaremos o âmbito de nossa exposição, centrando-a nos temas básicos da doutrina existencialista, eliminando os pormenores de interesse secundário. As referências biográficas dos principais autores citados ao longo destas páginas serão mínimas, reduzidas ao estritamente necessário. O leitor interessado em estender sua leitura sobre o assunto encontrará ao final do livro a indicação de uma bibliografia básica.

Origem do termo

O crítico francês Jean Beaufret, num ensaio dedicado ao tema, salienta que, ao pronunciarmos a palavra *existencialismo*, o que primeiro se escuta é *existência*. O sufixo indicaria tratar-se de uma doutrina. *Existência*, por sua vez, logo evoca sua contraparte: *essência* (mais adiante, veremos que essa contraposição é o princípio fundamental do existencialismo).

Historicamente, a palavra *essência* é anterior. *Essentia*, forma latina, deriva do verbo *esse*, ser. Quando os latinos se entregavam à meditação filosófica, a pensar aquilo que *é*, diziam estar pensando na essência da coisa. Só muito mais tarde surgiria em latim a palavra *existentia*, existência, derivada de *existere*, que significa sair de uma casa, um domínio, um esconderijo. Mais precisamente: *existência*, na origem, é sinônimo de mostrar-se, exibir-se, movimento para fora. Daí, denominar-se existencialista toda filosofia que trata diretamente da existência humana. O existencialismo, consequentemente, é a doutrina filosófica que centra sua reflexão sobre a existência humana considerada em seu aspecto particular, individual e concreto.

Embora a denominação mais difundida, nem sempre ela é aceita como a mais correta. Mesmo entre seguidores do movimento existencialista há os que rejeitam formalmente o termo para designar sua doutrina, preferindo, alguns deles, a expressão *filosofia da existência*.

Mas explicar o existencialismo exclusivamente em termos etimológicos pouco esclarece. Além disso, tal explicação sugere que anteriormente ao aparecimento do movimento nenhuma outra filosofia preocupou-se em analisar a existência humana, o que seria falso. A lembrança do conselho socrático, expresso pelo lema "conhece-te a ti mesmo", já assegura improcedência da hipótese também desmentida pela afirmação de Aristóteles de que a filosofia é a ciência do existente enquanto existe. No *Discurso do método*, de René Descartes (1596-1650), também se pode encontrar passagem de cunho acentuadamente existencialista, como sua confissão de que, após várias experiências, resolveu estudar a si próprio, dedicando-se a partir de então, com todo empenho, a escolher os caminhos a seguir. Outro exemplo que merece citação é o de Voltaire

(1694-1778), que aconselhava a que não perdêssemos a medida humana das coisas.

Os autores referidos anteriormente criaram, sem dúvida, doutrinas com vida própria e distintas entre si. Mas nem por isso elas podem ser desvinculadas de certos elementos comuns que terminariam por desaguar no que modernamente é designado existencialismo. Se quiséssemos, por conseguinte, estudar essa corrente desde suas mais remotas origens, descrevendo-lhe a evolução ao longo do tempo, acabaríamos por recapitular toda a história da filosofia. Não é preciso, contudo, recuar a datas tão longínquas, pois, quando alguém se refere ao existencialismo, está querendo indicar, de forma precisa, um movimento filosófico historicamente bem recente.

O existencialismo moderno, enquanto movimento, surgiu na França há quase quarenta anos, e ainda prossegue em sua trajetória, embora sem ostentar o mesmo vigor de suas manifestações iniciais. Tampouco perdura, com a intensidade de antes, sua influência ideológica. Filosoficamente, é opinião unânime, o existencialismo moderno procede, em linha direta, da meditação religiosa do pensador dinamarquês Sóren A. Kierkegaard (1813-1855), cujas ideias principais passamos a resumir no capítulo seguinte.

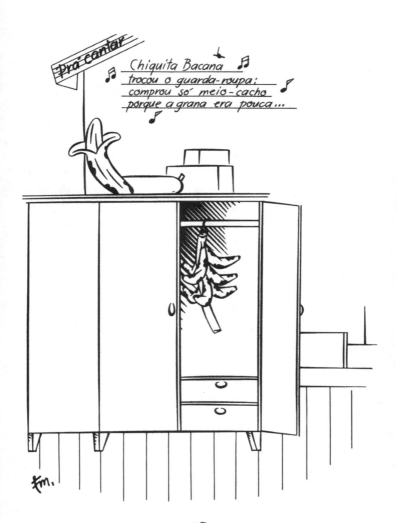

ANTECEDENTES FILOSÓFICOS

KIERKEGAARD

É bastante difundida a opinião de que na filosofia existencialista, pela própria natureza de seus temas, a contribuição pessoal predomina sobre os demais aspectos. De acordo com esse raciocínio, existiram vários tipos de existencialismo, cada um correspondendo a determinado autor, à sua visão individual dos problemas humanos, às particularidades da vida privada do filósofo. Por isso mesmo, o existencialismo seria menos uma doutrina, no sentido próprio do termo, do que um filosofar, uma maneira de o homem se expor a si mesmo, reconhecendo-se autenticamente nesse ato. Basicamente, portanto, o existencialismo seria a expressão de uma experiência singular, individual, um pensamento motivado por uma situação muito particular.

Kierkegaard é um dos filósofos que mais exemplarmente correspondem a semelhante descrição. Pensador solitário, suas desventuras pessoais, o ambiente em que se formou, de rigoroso puritanismo luterano, exerceram influência determinante em sua filosofia, mera tentativa, segundo alguns, de explicar seus infortúnios, as relações conflituosas com o pai e a noiva, protagonistas de acontecimentos cruciais de sua existência.

Criado dentro dos rígidos princípios da religião luterana, que proclama a natureza pecaminosa do homem e sua irrevogável tendência a corromper-se, Kierkegaard viveu obcecado pelo sentimento do pecado. Isso não o impediu, durante certa fase de sua vida, de entregar-se a prazeres desregrados, em que o consumo de álcool e a exibição de roupas vistosas ocupavam o centro de seus interesses. Esse período, quando contava vinte e cinco anos de idade, iniciou-se logo após a morte de seu pai. Superada a fase de dissipação, Kierkegaard retoma os estudos universitários e pouco depois torna-se pastor luterano. Do pai, além de herdar o temperamento sombrio e a devoção pietista – forma de extremado fervor religioso do luteranismo –, Kierkegaard adquiriu também o sentimento de que uma maldição se abatera sobre sua família. Seu pai, quando adolescente, pastor de ovelhas nos gélidos campos dinamarqueses, padecendo fome e frio, blasfemou contra Deus, episódio, revela Kierkegaard, no *Diário de um sedutor*, jamais esquecido, e que o pai carregou como culpa até o final da vida.

O outro acontecimento que marcou negativamente a existência de Kierkegaard foi o rompimento de seu noivado com a jovem Regina Olsen. À medida que amadurecia suas ideias descobrindo, então, sua vocação para o isolamento, percebeu ser incapaz de adaptar-se à convivência matrimonial, o que o levou a desmanchar o compromisso.

Mas as desventuras de Kierkegaard não se limitaram ao círculo familiar. Embora mantendo-se fiel à confissão religiosa na qual foi educado, suas desavenças com a Igreja luterana oficial, acusada por ele de ter-se burocratizado, distanciando-se da religiosidade interior, fundamental, dizia, a todo verdadeiro cristão, impeliram-no a entrar em choque com a hierarquia eclesiástica. Os pastores luteranos, protestava, haviam se tornado oficiais dos reis, por conseguinte, totalmente desligados das verdades básicas do cristianismo.

É impossível, não resta dúvida, dissociar a filosofia de Kierkegaard das vicissitudes pelas quais passou. Mas não é menos verdadeiro, também, angústias e inquietações latentes em sua época, que só muito mais tarde se manifestariam de maneira dramática. Possivelmente resida aqui a explicação para a revivescência de suas ideias no século XX, depois de confinadas durante longo tempo nas fronteiras de seu país natal. Deve-se evitar, portanto, conferir um caráter absoluto à crônica biográfica de Kierkegaard, como se os acontecimentos que lhe marcaram de maneira pungente a existência fossem o fundamento único de seu pensamento. Ao longo da história, muitos filósofos padeceram inúmeros infortúnios pessoais, e nem por isso é lícito afirmar que suas doutrinas são simples ilustrações desses fatos. Para citar os exemplos mais notáveis, basta lembrar os apuros em que Platão viu-se envolvido, culminando com o exílio que lhe foi imposto. Já Baruch Spinoza (1632-1677), além dos tormentos da tuberculose que o vitimou, foi excomungado, execrado, e por fim expulso da comunidade judaica de Amsterdã, punido por suas ideias tidas como heréticas. Para prover seu sustento, tornou-se polidor de lentes. Georg W. F. Hegel (1770-1831), por sua vez, um dos pontos máximos do pensamento humano, sofreu a humilhação, na adolescência, de ser considerado inapto para a filosofia.

Nenhuma abordagem do pensamento de Kierkegaard dispensa a referência a Hegel, cujas ideias são totalmente opostas às suas. Sem exagero, pode-se afirmar que a doutrina kierkegaardiana surgiu como reação direta ao hegelianismo.

Inicialmente empolgado, como a maioria de seus contemporâneos, pelas ideias de Hegel, Kierkegaard logo depois se oporia energicamente ao intento hegeliano de condensar a realidade num sistema. Mediante o sistema, pretende-se explicar tudo, abarcar tudo, de modo a estabelecer uma visão total da realidade, em seus mínimos aspectos, a partir de determinados princípios que se interligam ordenadamente. A ambição de

Hegel foi justamente a de integrar, no que denominou Ideia Absoluta, toda a realidade do mundo. No processo que conduz a essa culminância, o indivíduo nada mais é do que uma de suas fases. Descrente da possibilidade de algum sistema resolver as diferenças entre os indivíduos, Kierkegaard insurgiu-se contra tal concepção. O indivíduo, dizia, não pode ser a mera manifestação da ideia. O erro de Hegel, sentencia Kierkegaard, foi ter ignorado a existência concreta do indivíduo.

Sua aversão a qualquer sistema impeliu-o a confessar no prólogo de *Temor e tremor* não se considerar um filósofo, mas apenas um amador. Afiançava desconhecer qualquer sistema e duvidava que existisse algum, comprometendo-se a não escrever nada que se assemelhasse a um sistema. A existência humana, na versão de Kierkegaard, não pode ser explicada por meio de conceitos, de esquemas abstratos. Um sistema, insiste, promete tudo, mas não pode oferecer absolutamente nada, pois é incapaz de dar conta da realidade, sobretudo da realidade humana. O sistema é abstrato, a realidade é concreta. O sistema é racional, a realidade é irracional. A realidade é tudo, menos sistema. No *Diário*, ele escreve que, diante de uma situação concreta que enseja solução, mesmo um filósofo tenta resolvê-la fora do sistema a que se filia. As soluções preconizadas pelos sistemas não são seguidas por seus criadores quando se encontram em apuros. Na vida cotidiana, os criadores de sistemas se valem de alternativas diferentes daquelas que recomendam para os outros.

E por que esse procedimento?

Porque a realidade da qual os indivíduos têm maior conhecimento é sua própria realidade, a única que interessa de fato. Só a realidade singular, concreta, interessa, e apenas esta o indivíduo pode conhecer. Só podemos nos apropriar da realidade subjetivamente. "A subjetividade é a verdade, a subjetividade é a realidade", escreveu Kierkegaard. O universal, diz, não passa de mera abstração do singular. O pensamento abstrato só compreende o concreto abstratamente, enquanto o pensamento centrado no indivíduo busca compreender concretamente o abstrato, apreendê-lo em sua singularidade, captá-lo em sua manifestação subjetiva. O indivíduo, por isso mesmo, jamais pode ser dissolvido no anonimato, no impessoal. Todo conhecimento deve ligar-se inapelavelmente à existência, à subjetividade, nunca ao abstrato, ao racional, pois se assim proceder fracassará no intento de penetrar no sentido profundo das coisas, logo, de atingir a verdade.

O singular é o homem. Contrariamente ao que ocorre entre os animais, o homem singular vale mais que a espécie. Apenas ele tem consciência de sua singularidade. Portanto, o homem é a categoria central da existência. A existência individual, assim a concebe Kierkegaard, é para ser vivida, dispensando ser explicada racionalmente, conforme pretendia Hegel. Contra a concepção hegeliana do homem, valorizado apenas naquilo que apresenta de geral e abstrato, Kierkegaard exalta o concreto, o singular, o homem enquanto subjetividade. O pensador dinamarquês atribuiu a si mesmo a missão de defender o singular contra o geral, tarefa que, no *Diário*, compara à de Leônidas, o herói das Termópilas, a quem coube resistir às investidas do inimigo. No caso de Kierkegaard, o inimigo, ninguém duvida, é toda forma de sistema. Chegou mesmo a manifestar o desejo de ter como epitáfio a expressão: "Aquele singular".

Mas o que é o homem, o indivíduo, para Kierkegaard?

O homem é espírito, é a síntese de finito e infinito, de temporal e eterno, de liberdade e necessidade, responde.

E qual a concepção kierkegaardiana de espírito?

O espírito é o *eu*. O *eu* é aquele que não estabelece relação com nada que lhe é alheio.

E como se processa a existência do homem?

Kierkegaard a divide em três estágios: o estético, o ético e o religioso.

No primeiro estágio, o estético, o homem busca um sentido para sua existência. Enquanto investiga as razões de seu viver, permanece sob o total domínio dos sentidos, dos sentimentos. Convicto de que é inteiramente livre, vive ao sabor dos impulsos, procurando desfrutar, extraindo o máximo de prazer, a cada instante da vida, entregando-se a todos os prazeres e sensações, visto que percebe que tudo é fugaz, passageiro, que as emoções vividas jamais se repetirão. Faz o que lhe dá na telha, na expressão popular. Nessa fase, o indivíduo vive sob o signo da escolha, conceito que ocupará lugar de destaque na doutrina existencialista, em especial na corrente sartriana, conforme veremos mais adiante.

A escolha kierkegaardiana expressa, com efeito, a falta de critérios para orientar a ação humana. Não existem, segundo Kierkegaard, razões lógicas que determinem como cada um deve se conduzir na vida. Racionalmente, é impossível ao homem encontrar os motivos justificadores desta ou daquela forma de viver. Inexistem critérios que estabeleçam a opção entre isto ou aquilo.

No íntimo, entretanto, o homem sente que a permanente disponibilidade para agir segundo seus ditames pessoais não lhe traz satisfação. As experiências sensoriais, retidas na memória como forma de fixar o momento que passa, não lhe oferecem a recompensa almejada, ou seja, a revelação do sentido de sua existência. Frustrado em seu objetivo, torna-se melancólico e entediado. Refugia-se, então, em seu passado, que idealiza. Mas a fuga mostra-se inútil, pois por causa dela o homem se distancia cada vez mais da solução de seu problema. Permanecer indefinidamente no estágio estético é condenar-se à total depravação. Em vez de libertar-se, mais o homem se aprisiona numa existência vazia.

Insatisfeito nessa busca estética, o homem atormenta-se e cai no desespero. Mas o desespero, de acordo com Kierkegaard, não é algo que rebaixe o indivíduo. Em *O desespero humano*, ele escreve que a superioridade do homem sobre o animal consiste em sua capacidade de se desesperar. É através do desespero que o homem alcança o estágio seguinte, o ético, pois só assim abandonará as experiências dissipadoras e a atitude passiva diante da realidade. Vivendo eticamente, sairá do marasmo existencial em que se encontrava. Mantendo ainda sua individualidade, descobrirá, no entanto, que não pode ignorar as exigências do mundo exterior, com suas normas e convenções. A vida não é um jogo, por isso impõe a cada um assumir a responsabilidade de seus atos, reconhecer os erros cometidos, admitir suas culpas. No estágio ético, a personalidade do indivíduo permanece livre, mas nos limites estabelecidos pela sociedade.

O contraste entre o estético e o ético Kierkegaard exemplifica com as obrigações matrimoniais. "Quanto aos esponsais – escreve no *Diário* –, o diabo é haver neles sempre tanta ética, o que é tão enfadonho quando se trata de ciência como quando se trata da vida. Que espantosa diferença! Sob o céu da estética tudo é leve, belo, fugidio; mas assim que a ética se mete no assunto, tudo se torna duro, anguloso e infinitamente fatigante." Se as exigências da ética conscientizam o indivíduo de suas falhas, não conseguem, contudo, proporcionar-lhe a existência pela qual anseia. Esta ele só encontrará no estágio religioso, a fase culminante do desenvolvimento existencial. Mediante a religiosidade, o homem alcança uma relação particular com o Absoluto. Deus torna-se a regra do indivíduo, a única fonte capaz de realizá-lo plenamente.

Em *Temor e tremor*, Kierkegaard analisa o salto do ético para o religioso com versões que confere à narrativa bíblica de Abraão e Isaac. Deus exige de Abraão o sacrifício de seu filho Isaac. Abraão tem de escolher entre as exigências racionais e éticas e a ordem divina, entre a transgressão e a obediência. Certo da onipotência de Deus, Abraão repudia a ética e a razão e escolhe a fé, "a mais alta paixão do homem", proclama Kierkegaard. A fé tudo suplanta. Ela está acima dos princípios da razão e da moral. A religião reina soberana sobre a ética. Só a fé pode resolver a única questão que se apresenta ao homem: a do mal. Ao indivíduo resta apenas escolher, decidir o que deverá fazer ou ser, sendo-lhe impossível fugir à liberdade dessa escolha.

Abraão fez sua escolha: saltou do ético para o religioso. Suspendeu o ético, o racional, e acatou o absurdo da exigência divina. Nenhuma escolha depende de critérios racionais. A razão, na perspectiva kierkegaardiana, é impotente para guiar nossas ações.

O pensamento de Kierkegaard, mencionamos antes, só neste século conseguiu efetivamente repercussão fora das fronteiras dinamarquesas. Inicialmente, na Alemanha. Nas décadas de 1920 e 1930, na França, graças à divulgação de suas ideias por emigrados russos, especialmente por meio dos escritores Nicolau Berdiáev (1874-1948) e Leon Chestov (1868-1938). Pouco depois, seus livros começaram a ser traduzidos para o francês.

Da doutrina de Kierkegaard, os existencialistas extraíram os temas básicos de sua reflexão. O método para analisá-los e discuti-los lhes será fornecido pelo filósofo alemão Edmund Husserl (1859-1938).

Husserl

Simone de Beauvoir, companheira de Sartre e sua mais fiel seguidora, relata em suas memórias um episódio que se tornou uma espécie de lugar-comum todas as vezes que a palavra fenomenologia é associada ao existencialismo. Conta a escritora francesa que seu compatriota Raymond Aron, de retorno a Paris após um ano estudando em Berlim, passou uma noitada com ela e Sartre num bar. Pediram para beber coquetel de abricó, especialidade da casa. A certa altura, Aron, apontando o copo, disse para Sartre: "Como vê, meu caro, se você é um fenomenologista, é capaz de falar deste coquetel e fazer filosofia dele." Beauvoir narra que Sartre empalideceu de emoção diante do que ouviu. Era isso o que ele procurava há vários anos: "descrever os objetos como os via e tocava" e disso "extrair" filosofia.

O filósofo cujas ideias provocam em Sartre semelhante reação foi Edmund Husserl.

Husserl é o criador do método fenomenológico, inspirado nas distinções entre fenômenos físicos e fenômenos psíquicos estabelecidas por seu antigo professor, o ex-sacerdote Franz Brentano (1830-1917). Matemático de formação, Husserl começou a assistir às aulas de Filosofia ministradas por Brentano, que desfrutava nos meios acadêmicos alemães de grande prestígio como especialista em Aristóteles. Aos poucos, descobre que a Filosofia poderia ser um campo fecundo de estudos. Bastava apenas que ela fosse tornada uma ciência plenamente rigorosa, o que, achava ele, não tinha ocorrido até então. Decidido a dedicar-se inteiramente às pesquisas filosóficas, Husserl estabeleceu para si, como ideal, fundamentar cientificamente a Filosofia, ou seja, torná-la uma ciência em seu sentido pleno, conferindo-lhe um estatuto de saber. A Filosofia, na acepção husserliana, deveria transformar-se numa ciência universal, quer dizer, nada ficaria fora de seu campo de investigação. A Filosofia, enfim, tornar-se-ia uma espécie de ciência das ciências.

O ponto de partida de Husserl é a crítica que dirige às teorias científicas, particularmente as de inspiração positivista, excessivamente apegadas à objetividade, à crença de que a realidade se reduz àquilo que percebemos pelos sentidos. Tamanho apego aos dados objetivos fez com que a ciência fosse encarada como o único conhecimento possível, enraizando-se a convicção de que só mediante seu auxílio poderia o homem dominar totalmente a natureza e descobrir o sentido de sua existência. Posteriormente, o surto extraordinário verificado no desenvolvimento das ciências, especialmente no campo da físico-matemática, derrubando antigas concepções, tornou muitos desses princípios obsoletos. A partir daí, as disciplinas científicas, anteriormente escravizadas a um objetivismo extremado, que excluía a intervenção do homem, passam a necessitar da participação humana como elemento referencial básico. A mecânica relativista, por exemplo, diz-nos que todo movimento é relativo ao observador. A contribuição subjetiva, por conseguinte, já não se apresentava mais como elemento incompatível com o rigor científico.

É nesse contexto de transição – ou de crise, como afirmam alguns – no campo do conhecimento científico que Husserl desenvolve suas ideias. A fenomenologia surge no processo de revisão de verdades tidas como cientificamente inabaláveis, no momento em que as ciências, no nível da investigação, assumem um significado humano.

Em consonância com essa "humanização" das ciências, Husserl introduz a noção de *intencionalidade*. A intencionalidade, eis o postulado básico da fenomenologia, é a característica fundamental da consciência, pois é por meio dela que aquilo que um objeto é se constitui espontaneamente na consciência. A intencionalidade estabelece uma nova relação entre o sujeito e o objeto, o homem e o mundo, o pensamento e o ser, ambos inseparavelmente ligados. Nesse aspecto, as ideias de Husserl assemelham-se ao postulado cartesiano segundo o qual a consciência é a condição fundamental do conhecimento. O próprio Husserl, aliás, numa obra significativamente intitulada *Meditações cartesianas*, compara a fenomenologia a um novo cartesianismo, a despeito de sua rejeição a muitos dos princípios doutrinários do filósofo francês.

Mas o que se quer dizer ao afirmar que a intencionalidade é a característica fundamental da consciência?

O termo – intencionalidade – não é novo. Os filósofos escolásticos já o empregavam numa acepção próxima da moderna. Com ele, Husserl pretende derrubar um pressuposto básico da Psicologia clássica. Segundo esta, a consciência abriga imagens ou representações dos objetos que afetam nossos sentidos, nela se depositando como uma espécie de conteúdo. É como se os objetos que se encontram no mundo exterior penetrassem na consciência e aí permanecessem sob a forma de imagens. Husserl se insurge contra tal concepção, pois aceitá-la significa reduzir a consciência à mera passividade, quando, na verdade, ela é liberdade, portanto, ativa, cabendo-lhe, por isso mesmo, dar um sentido às coisas. A consciência, desse modo, já se encontra voltada para os objetos, orientada em sua direção de forma imediata, existe visando a algo, dirigida para alguma coisa. Ou, na fórmula que Husserl celebrizou: toda consciência *é* consciência de alguma coisa. Quer isso dizer que todos os atos psíquicos, tudo o que se passa em nossa mente, visa a um objeto, logo, não ocorre no vazio.

Por meio do método fenomenológico, Husserl pretende ter superado o que se lhe afigurava o caráter parcial tanto do materialismo quanto do idealismo. No estabelecimento do elemento primordial a partir do qual o mundo foi criado – se a matéria ou a ideia –, Husserl acreditava ter encontrado um terceiro caminho: a fenomenologia. As ideias só existem porque são ideias sobre coisas, ambas constituem um único fenômeno, por isso estão indissoluvelmente ligadas. A fenomenologia busca captar a essência mesma das coisas, descrevendo a experiência tal como ela se processa, de modo a que se atinja a realidade exatamente como ela é. Para que se possa chegar a isso, Husserl propõe que o indivíduo suspenda todo o juízo sobre os objetos que o cercam. Mais precisamente: nada afirme nem negue sobre as coisas, adotando uma espécie de abandono do mundo e recolhimento dentro de si mesmo, o que na linguagem husserliana é denominada "redução fenomenológica" ou *epoquê*, palavra grega que significa suspensão, cessação. Husserl foi buscar o termo na filosofia medieval, que chamava de *epoquê* o estado de repouso mental por meio do qual nada afirmamos nem negamos.

A famosa exortação de Husserl para que voltemos às coisas mesmas tem como meta superar a clássica oposição entre essência e aparência. As coisas, diz o criador da fenomenologia, são tais como os fenômenos as apresentam à nossa consciência. Os fenômenos, ao mesmo tempo que são objetivos, só nos revelam essa condição quando se manifestam em nossa consciência. Daí, sua tese, já referida anteriormente, de que as ideias só existem porque são ideias sobre coisas. Sintetizando: consciência e fenômeno não existem separados um do outro.

Através da *epoquê*, o mundo objetivo, real, é colocado, na expressão de Husserl, *entre parênteses* na experiência fenomenológica, permanecendo na consciência apenas aquilo que, por sua evidência, é impossível de ser negado. Por exemplo, "eu existo". A realidade, portanto, deve ser descrita tal como se apresenta à observação pura.

Ao lado de *epoquê*, Husserl utiliza ainda dois outros termos: *noese* e *noema* com os quais designa, respectivamente, o pensamento e o objeto desse pensamento.

O uso husserliano dos termos noese e noema adquirem significados mais claros quando investigados etimologicamente. O vocábulo grego voEív (*noéin*) significa "pensar"; vónttiç (*noésis*) "pensamento" e vOfJfJa (*noema*), o que se pensou - a ideia, enfim. Assim, noese e noema são, respectivamente, o ato de perceber e o percebido. Da atividade noética, preleciona a doutrina fenomenológica, surge o sentido.

O método fenomenológico veio a se constituir no elemento básico para o assentamento de uma ontologia existencialista. E será o filósofo alemão Martin Heidegger (1889-1976), antigo aluno de Husserl, de quem foi assistente na cátedra de filosofia, o primeiro a utilizá-lo como instrumento de análise.

As correntes existencialistas

Heidegger

Já tive oportunidade de assinalar, no capítulo dedicado à origem do termo, que alguns filósofos recusam a denominação *existencialismo* na designação de suas doutrinas. O repúdio mais veemente partiu de Heidegger. Inconformado com a insistência de muitos em classificá-lo de existencialista, preocupou-se em fixar as diferenças que o separavam do existencialismo propriamente dito. Para tanto, escreveu um opúsculo, *Carta sobre humanismo*, no qual deixa claro que seu intento, desde a publicação de sua obra mais famosa, *Ser e tempo* (1927), foi o de elaborar uma *analítica existencial*.

Mas qual a diferença entre as duas posições – existencialismo e analítica existencial? Em que se baseia Heidegger para distinguir uma da outra? Cabe perguntar, igualmente, pelas razões daqueles que, mais do que classificarem Heidegger de existencialista, o apontam como iniciador do movimento.

O existencialismo, notei antes, é uma filosofia que trata diretamente da existência humana. Sua reflexão está centrada na análise do homem particular, individual, concreto. A analítica existencial, por sua vez, nenhum interesse demonstra pela existência pessoal, e os problemas dela oriundos. Em *Ser e tempo*, seguindo a recomendação husserliana, o propósito de Heidegger é discutir o Ser, é estabelecer uma ontologia geral, descrevendo os fenômenos que o caracterizam tais como se apresentam à consciência. Trata-se, enfim, de elaborar uma teoria do Ser.

Mas o que é o Ser?

O Ser pertence àquele rol de noções evidentes por si mesmas, embora indefiníveis. Trata-se da mais abstrata de todas as ideias, difícil de ser devidamente esclarecida. São muitos os seus significados, mais ainda as interpretações que cada um deles tem recebido. Sendo o mais universal, o mais geral dos conceitos, a simples menção do vocábulo supõe desnecessário acrescentar qualquer nota explicativa. Por isso mesmo, a tradição filosófica estabeleceu que o Ser é algo indefinível. Logo, não há interesse em discutir aquilo que, por princípio, é sem definição.

Essa noção do Ser é aceita por Heidegger? Não. Ao contrário, ele delineou sua teoria do Ser em oposição à ontologia clássica, inclusive a de Hegel.

Para Heidegger, há uma "questão do Ser", questão que não foi resolvida. Por quê? À força de considerá-lo algo por si só evidente, a tradição filosófica impôs a ideia de que o Ser não necessita ser discutido. Ocorreu, então, o que Heidegger denomina esquecimento do Ser, fato, segundo ele, bastante grave, pois a questão do Ser coincide com o próprio destino do Ocidente. Que significa isso? É que a história do Ser, diz o filósofo, é a própria história do Ocidente. O pensamento ocidental jamais resolveu a questão do Ser, que é seu próprio fundamento. Por que fundamento? Porque no alvorecer do pensamento ocidental, na Grécia antiga, a questão do Ser era a preocupação básica, primordial. E, se assim era, deve-se ao fato de que os filósofos présocráticos não concebiam o Ser como algo evidente por si mesmo, como alguma coisa cujo significado era de imediato compreendido por todos, mas sim como algo obscuro, inquietante. Portanto, de todas as questões filosóficas, a mais fundamental é a interrogação sobre o Ser. Deve-se, por conseguinte, discuti-la.

A exemplo de Husserl, Heidegger não se ocupa de perguntar o que é o Ser, qual sua definição. O interesse de ambos é descobrir-lhe o significado. Mais precisamente: o que é que se entende por Ser, que sentido tem tal palavra?

Heidegger não concebe o Ser como um ser particular, tampouco como o conjunto de todos os seres particulares com os quais lidamos em nossa experiência cotidiana. Limita-se a afirmar que o Ser é aquilo que faz com que o mundo seja — e que assim apareça ao homem. Busca, dessa forma, investigar o fundamento de tudo o que existe.

A muitos leitores, a essa altura, parecerá estranho que Heidegger, depois de proclamar a questão do Ser como a mais fundamental de todas, demonstre, aparentemente, tão pouco empenho em levá-la adiante. A esse respeito, um crítico já notou que Heidegger ironicamente provou a impossibilidade de se criar uma ontologia, justamente o intento que ele se comprometera a realizar. De fato, Heidegger insiste num problema que julga básico, defendendo a urgência de discuti-lo, mas termina por não oferecer uma resposta satisfatória. A tarefa primordial de uma ontologia, eis o lema heideggeriano, é esclarecer o sentido do Ser. O filósofo, entretanto, acabou desviando-se do objetivo que traçara como prioritário. Sua discussão sobre o Ser resume-se a algumas indicações, sem que se esclareça o que é que ele entende por Ser.

Cabe, então, a pergunta: qual a causa do insucesso de Heidegger em descobrir o sentido do Ser?

Vejamos. Já dissemos antes que Heidegger compartilha da opinião dos pré-socráticos quanto à obscuridade do conceito de Ser. Mais simplesmente, isso significa dizer que não é fácil discutir o Ser. Defini-lo, segundo Heidegger, implica obrigatoriamente transformá-lo num ente, isto é, em alguma coisa perfeitamente determinada, concreta, o que, logicamente, lhe retiraria o caráter de conceito universal. Mas, ao mesmo tempo, só se pode falar em Ser relacionando-o a um ente. Para que exista o Ser é necessário que exista o ente. A diferença entre o Ser e o ente surge quando os autores latinos da Antiguidade tentam traduzir a expressão grega *to ón*, um substantivo verbal. Como traduzir um nome com um verbo? Tal dificuldade levou os pensadores da Idade Média a introduzir a diferença entre o Ser e o ente, concedendo ao primeiro a capacidade de fazer com que o segundo seja o que é. Anteriormente à época medieval, a ontologia clássica não atribuía maior importância à distinção entre os dois termos.

Para Heidegger, o problema do Ser é diferente do problema do ente. A determinação do ente, diz ele, não se aplica ao Ser. O problema do ente obscureceu a questão mais original, que é a questão do Ser. Existe entre ambos o que a filosofia heideggeriana chama de diferença ontológica. A dificuldade, apesar da distinção feita, está em que Heidegger ao mesmo tempo que subordina o ente ao Ser não sabe como falar no Ser sem relacioná-lo ao ente. Na tentativa de escapar ao impasse, ele apela para a diferença entre a compreensão ontológica e a compreensão ôntica do Ser.

Para o que nos interessa aqui, basta que nos limitemos à discussão heideggeriana de um ser particular: o "Ser-aí".

Neste ponto, temos de nos deter num aspecto relevante da obra de Heidegger, sem o qual se torna praticamente impossível avançar, com um mínimo de compreensão, na exposição de suas ideias. Referimo-nos à terminologia empregada pelo filósofo, alvo de persistentes críticas por parte de seus opositores.

A dificuldade — exagerada por muitos, saliente-se — que a obra de Heidegger oferece fez surgir um vasto anedotário a respeito. Conta-se, por exemplo, que ele só chegou a entender realmente o que escrevera ao ler a tradução francesa de seus livros. Um crítico, por sua vez, ironizando-lhe a linguagem, escreveu que Heidegger tornou contundentes vocábulos inofensivos, habilidade, acrescenta, que provoca em espíritos desprovidos de aptidões críticas um estado de êxtase, próximo da graça e da bem-aventurança...

O próprio Heidegger contribuiu para a difusão desse tipo de comentário. Como se não bastasse, nesse aspecto, o testemunho desfavorável de seus escritos, ele reforçou-o ao declarar que a tarefa primordial da filosofia é tornar as coisas mais pesadas e difíceis. Isolada do contexto, a frase torna-se de inestimável auxílio à tarefa dos que o apresentam como autor de estilo impenetrável.

Anedotário à parte, ninguém, salvo os heideggerianos extremados, negará que o estilo de Heidegger é bastante insólito, ou seja, destoa dos padrões habituais de expressão. Ao rejeitar muitos dos valores da filosofia tradicional — no que foi seguido pelos demais existencialistas —, ele buscou criar uma linguagem que evitasse o sentido corriqueiro dos termos filosóficos clássicos, na pretensão de revesti-los de um significado particular. Não se trata, portanto, de mero capricho intelectual do filósofo, de uma disposição pessoal de tornar as coisas mais difíceis por simples pedantismo. Desde o início de sua especulação filosófica, ele teve como uma de suas preocupações básicas investigar as raízes da linguagem, o que lhe permitiu explorar a fundo os recursos expressivos da língua alemã. Daí, a estreita ligação de seu pensamento às pesquisas linguísticas, visível em seu gosto pela manipulação da etimologia das palavras, processo por meio do qual intenta extrair-lhes um sentido diverso daquele que usualmente apresentam. Ou então quando, mediante artifícios ortográficos, faz com que o sentido oculto da palavra se revele. Dito isso, passemos, agora, a uma breve explanação, a mais clara que nos seja possível, do vocabulário heideggeriano, fixando-nos nos termos mais frequentemente usados pelo filósofo.

Um dos termos básicos da linguagem heideggeriana é *Dasein*, já usado por Hegel para designar um *ser determinado, aquele que existe devidamente localizado no tempo e no espaço*.

A palavra é formada de *da* (aí, por aí) e *Sein* (presença, existência). *Dasein*, portanto, é o *ser que se econtra aí*, é o *ente*, *é tudo aquilo de que falamos*, *é o ser singular concreto*, é o *ser aí*. Distingue-se, dessa forma, do *Sein*, o ser em geral, aquele que engloba tudo. O *Dasein* não designa o ser em geral, e sim o ser humano, o ente que pergunta pelo sentido do Ser. O *Sein* constitui o campo ontológico, enquanto o *Dasein* pertence ao campo ôntico, do existente, daquilo tal qual é. A ontologia se ocupa do *ser do ente*, enquanto às ciências cabe a investigação ôntica. A Botânica, por exemplo, pertence ao campo ôntico, pois seu objeto de estudo é um ente determinado: as plantas. Fica claro, então, que o Ser (*Sein*) não é o ente (*Dasein*).[1] A distinção entre o ôntico e o ontológico é de grande importância na filosofia heideggeriana, conforme veremos mais adiante.

Sendo presença, o *Dasein* é um "Ser-no-mundo" (*in-der-WeltSein*), ou seja, um "Ser-lançado-no-mundo", ligado à realidade concreta das coisas, caracterização que Heidegger resume com o termo *facticidade*, por oposição a *transcendente*, aquilo que está além da experiência. O "Ser-no-mundo" implica a relação do *Dasein* com outros *Dasein*, que coexista com eles, o que o torna um "Ser-com" (*mit-Sein*). Existindo, o *Dasein* existe no tempo, dimensão essencial do "Ser-aí". É através da temporalidade – logo, da existência – que o *Dasein* adquire sua essência.

Mas o que é, numa expressão mais simples, o *Dasein*?

O *Dasein* é nossa existência cotidiana, é o indivíduo, é o homem. Mas existirá um estágio superior à

---

[1] O sentido que Heidegger empresta ao *Dasein* não coincide com aquele que ao mesmo termo concede Karl Jaspers (1883- 1969), filósofo alemão classificado, a contragosto dele próprio, de existencialista. Nele, o *Dasein*, embora igualmente um ser determinado, particular, não tem existência, simplesmente *é*. Equivale ao "em si" (*en-soi*) sartriano, noção que explicitaremos na ocasião devida. O termo de Jaspers correspondente ao *Dasein* heideggeriano é *Existenz*.

existência cotidiana do *Dasein*, algo acima do dia-a-dia que lhe constitui a biografia? Heidegger responde afirmativamente: é a *Existenz*, a existência idealizada do *Dasein*, sua realidade mais íntima, longe de tudo que lhe retira a possibilidade de uma vida autêntica. A *Existenz* é a pura existência do *Dasein*.

Dissemos linhas atrás que o léxico heideggeriano não decorre de um mero capricho intelectual do filósofo, mas corresponde, isto sim, à própria ruptura que ele pretendeu estabelecer diante de certos aspectos da tradição filosófica ocidental. O esforço de Heidegger em renovar as formas de expressão em filosofia se explica, em grande parte, pelo seu empenho declarado em superar o erro, segundo ele, em que o pensamento ocidental vem incidindo, qual seja, o de atribuir aos homens propriedades privativas dos objetos materiais (qualidade, quantidade, espaço, causa etc.). Visando corrigir tal falha, ele enumera o que classifica de categorias básicas da existência humana, as quais denomina *existentialia*: entendimento, sentimento e linguagem.

É a natureza existencial do homem, observa Heidegger, que lhe permite representar os seres como tais e ter consciência deles, característica que o distingue dos demais seres. Noutras palavras: o *Dasein* pode representar o ente enquanto ente e com plena consciência desse ato. Por que só o *Dasein*? Porque o ser que existe é o homem, escreve Heidegger. Só o homem existe. As pedras são, mas não existem. Os anjos são, mas não existem. Deus é, mas não existe. Só para o homem tem sentido algo como existir.

É justamente por existir que o homem só pode definir-se a partir de seu ser existente, quer dizer, é o fato de existir que possibilita ao indivíduo ser ou não ser o que é. Enquanto a pedra *é*, e assim será sempre, o homem existe e a partir de então define o que deverá ser.

É a partir dessas considerações que Heidegger estabelece a diferença entre "estar-no-mundo" e "estar-no-mundo-do-homem", expressa, em linguagem filosófica, pela distinção, anteriormente referida, entre o ôntico e o ontológico. Seu propósito é mostrar que o homem, embora diretamente presente no mundo, sem possibilidade nenhuma de isolar-se em alguma outra região, está, apesar disso, acima das coisas materiais que o cercam – e com elas não se confunde. O homem está no mundo, sim, mas distintamente dos objetos. O homem existe, é uma presença no mundo: ele é o *Dasein*.

É a distinção entre o ôntico e o ontológico, entre o "estar-no-mundo" e o "estar-no-mundo-do-homem" que enseja a Heidegger introduzir o conceito de autenticidade, também presente no pensamento de Sartre, mas que o retomou atribuindo-lhe outro significado, como veremos oportunamente.

O homem autêntico é aquele que reconhece a radical dualidade entre o humano e o não-humano. Desconhecê-la é mergulhar na *inautenticidade*, é sofrer uma *queda*. Existência inautêntica e queda são sinônimos.

Queda, porque os *existentialia* são necessidades ontológicas imprescindíveis ao ser humano, e que no estado de inautenticidade tendem a se degradar. A queda é um estado de decadência, de derrelição, de desamparo.

A inautenticidade se apresenta sob duas formas: subjetivamente e objetivamente. Na primeira, uma subjetividade degradada comanda a consciência individual, levando o homem a agir de acordo com que dizem ser certo ou errado, obedecendo a ordens e proibições sem indagar suas origens ou motivações. O *Dasein*, o indivíduo, passa a viver sob o signo do "se", do "dizem" (tradução aproximada do alemão *das man*): lê o que se lê, come o que se come, segue este ou aquele modismo que *dizem* ser o mais conveniente seguir. O "Ser-aí", na vida cotidiana, mergulha numa espécie de anonimato que anula a singularidade de sua existência. Perde-se no meio dos outros *Dasein*, buscando a justificativa de seus atos num sujeito impessoal, exterior. A experiência cotidiana do *Dasein* transcorre, dessa forma, no âmbito da impessoabilidade, o *das man* torna-se massa, alheia-se de si mesmo. Com os sentimentos embotados, incapaz de livrar-se dos hábitos e das opiniões que lhe são impostos, sua consciência é atormentada por medos e ansiedades neuróticas. A vida interior degrada-se, vulgarizando-se. O indivíduo – embora julgue que tudo lhe é acessível – já não consegue discutir nenhum assunto com profundidade, detendo-se na superficialidade das coisas, sem interrogar os fundamentos daquilo que discute, tagarelando sobre banalidades, o que conduz à perda da expressividade da linguagem, que, enfraquecida, sem a força de seu apelo original, torna-se ambígua. O *das man*, enfim, eis a conclusão heideggeriana, constitui a estrutura essencial das relações sociais, privando a realidade humana de uma existência autêntica.

A outra forma de inautenticidade manifesta-se no mundo artificial criado pela tecnologia. O ambiente de uma fábrica, por exemplo, no qual o trabalhador termina por se confundir com as próprias máquinas. Sua vida profissional é conduzida por gerentes que não o conhecem nem são conhecidos por ele. O trabalho transforma-se no mais rotineiro e inautêntico de seus atos.

Um dos temas existencialistas mais hostilizados pelos adversários do movimento é o da morte. A insistência em assunto tão mórbido, dizem, confere ao existencialismo o caráter sombrio de sua reflexão. Em Heidegger, contrariamente ao que ocorre com Sartre, a questão ocupa lugar central.

A morte, assim a concebe Heidegger, é a última situação-limite do homem. O *Dasein* é um "Ser-para-o-fim" (*Sein-zum-Ende*), fundamentalmente um "Ser-para-a-morte" (*Sein-zum-Tode*). Se a morte, como termo da vida, só ocorre uma vez, o sentimento de "sermos-para-a-morte", contudo, o experimentamos permanentemente, diariamente, minuto a minuto. Somos, na expressão de Max Scheller (1874-1928), precursor de certas teses existencialistas, seres acercados pela morte.

É na morte, diz Heidegger, como possibilidade derradeira da existência, como fim para o qual o *Dasein* se dirige, que o homem se totaliza. Ela não é o fim da existência humana, entendida a palavra como sinônimo de *chegada, término de uma jornada*. Quando chegamos ao final de um itinerário ainda existimos, permanecemos vivos, temos a consciência de haver concluído algo. Ao chegarmos à metade de um percurso só atingiremos o fim se percorrida a metade restante. A morte, entretanto, é um fim que pode ocorrer repentinamente, pondo termo assim à existência individual. Em princípio, ela nos parece algo exterior, fora de nosso controle, que sem avisar nos aniquila. Por isso, nos inquietamos, nos assustamos diante da exterioridade, da imprevisibilidade da morte. Todo projeto humano, dessa forma, está na dependência da morte. A morte é o termo final de nossos projetos, exclama Heidegger. A experiência mais pessoal, intransferível, é a morte. Não podemos jamais experimentar a morte alheia. Por maior que seja nosso sofrimento diante da agonia da morte de outro, mesmo a de uma pessoa muito amada e cuja perda nos faça sofrer, essa morte não é a nossa morte. A morte é o aniquilamento do eu, o extermínio total do indivíduo; por isso, ele a teme, angustia-se ante sua inexorabilidade. Temeroso de defrontar-se com a morte, sabendo-se um "Ser-para-a-morte", evitando assumir a realidade que ela representa, o *Dasein* refugia-se numa existência inautêntica. Dessa maneira, o indivíduo procura fugir à angústia da morte.

Mas o homem, adverte Heidegger, só atinge a plenitude de seu ser na angústia. É por meio dela que o *Dasein* transcende os momentos particulares de sua existência, apreendendo-a em seu conjunto, na totalidade de suas manifestações, experimentando antecipadamente a morte e o nada. Apenas o homem se angustia, pois unicamente ele vive a cada instante sua vida inteira e, nesse ato, reflete sobre a totalidade de seu ser. Por meio da angústia, o indivíduo penetra no mais íntimo de sua existência. A angústia ante o nada conduz o homem à existência autêntica, faz com que o *Dasein* atinja sua *Existenz*. Logo, para atingir a autenticidade, superando, assim, o estado de queda, de degradação, o indivíduo deve interiorizar o pensamento da morte. De que maneira? Compreendendo que não é apenas mortal, fato de que todos têm consciência, e sim que a morte é o acontecimento último de sua vida, evento ímpar, rigorosamente pessoal. Assumindo sua morte, o *Dasein* alcança sua autenticidade, pois já não a teme.

Mas ainda assim permanece a angústia. Angústia de quê? Do nada.

Mas o que é o *nada*?

Habitualmente, os manuais de filosofia definem o *nada* em oposição ao *Ser* – o nada seria aquilo que não tem ser. A tradição filosófica jamais concedeu realidade ao conceito de nada. É Hegel, em páginas extraordinárias da *Ciência da lógica*, o primeiro filósofo a investigar as relações entre o Ser e o nada, concluindo que ambos apresentam o mesmo *status* ontológico, isto é, o Ser e o nada são idênticos.

Para tornar a concepção hegeliana mais clara, pensemos num ser individual: uma jovem nascida na França, por exemplo. Trata-se de um ser com atributos. Vejamos:

Ela é francesa,

alta,

loira,

solteira,

estudante,

etc.

Se lhe retirarmos todas as notas que a particularizam (francesa, alta, loira, solteira, estudante, etc.), ficaremos apenas com a expressão *ela é*. Ou seja, restar-nos-á unicamente a afirmação da existência do ser da jovem, o ser puro, sem nenhum atributo, sem qualquer qualidade que o distinga dos seres em geral. Que ser é esse? É o nada, responde Hegel.

Heidegger, no entanto, inverte os dados da questão. O nada, diz ele, não surge da negação do Ser. Ao contrário, a negação é que é possibilitada pelo nada. Não se deve, aconselha o filósofo, aprovar a indiferença com que a ciência sempre tratou o nada, rejeitando-o como aquilo que não existe. Em *O que é metafísica?*, Heidegger se propõe textualmente a investigar o nada. Qual é o nada? "Já a primeira abordagem desta questão – escreve ele – mostra algo insólito. No nosso interrogar já supomos antecipadamente o nada como algo que *é* assim e assim – como um ente. Mas é dele que se distingue absolutamente. O perguntar pelo nada – pela sua essência e seu modo de ser – converte o interrogado em seu contrário. A questão priva-se a si mesma de seu objeto específico."

Heidegger, fica bem claro no trecho acima citado, não concebe o nada como um objeto, como algo que efetivamente existe. O nada não é um ente. O nada surge do ato de nadificação de que é capaz o *Dasein*. (No capítulo dedicado a Sartre, abordaremos mais detidamente essa capacidade de nadificação do *Dasein*.)

Mas no nível da existência individual, concreta, particular, o que é o nada?

O nada, explica Heidegger, representa os limites temporais do Dasein: antes de seu nascimento, o "Ser-aí" é nada; morto, torna-se nada. É através do nada, portanto, que o *Dasein* se totaliza, completa-se.

Nota sobre a adesão de Heidegger ao nazismo

A biografia de Heidegger é empanada por um acontecimento que seus adeptos pretendem reduzir a um mero episódio e seus opositores consideram a consequência lógica de suas ideias. Trata-se de sua adesão ao nazismo.

Durante vários anos o filósofo manteve silêncio sobre o assunto. Só em 1966, entrevistado pela revista alemã *Der Spiegel*, consentiu em abordá-lo, assim mesmo sob a promessa de suas declarações serem divulgadas apenas depois de sua morte, compromisso efetivamente cumprido pela editora da publicação. Heidegger substituiu Husserl, por recomendação deste, como titular da cátedra de filosofia da Universidade de Freiburg. Em 1933, com Hitler já no poder, foi nomeado reitor, segundo ele, indicado pelos próprios professores, convencidos então que ele era a única pessoa em condições de evitar que a universidade fosse desmantelada pela nova ordem política implantada na Alemanha.

À frente da reitoria, Heidegger adere formalmente ao nazismo, ingressando no Partido Nazista. No discurso de posse, aponta a doutrina nazista como alternativa entre o comunismo e o capitalismo.

Perguntado sobre os motivos que o levaram a retirar a dedicatória a Husserl em *Ser e Tempo* a partir da 5ª edição da obra (1941), Heidegger respondeu que as diferenças doutrinárias com seu antigo mestre se acentuaram, partindo de Husserl a iniciativa de romper publicamente a amizade entre os dois. Ademais, a decisão de eliminar a dedicatória surgiu de um acordo entre Heidegger e seu editor, desconfiado este de que o livro não seria reimpresso caso permanecesse a reverência a um filósofo judeu. Heidegger acrescenta que proibiu qualquer propaganda antissemita na universidade, além de impedir que os partidários do nazismo queimassem os livros de autores contrários ao regime.

SARTRE

Nenhum filósofo desfrutou no século XX de maior popularidade quanto Jean-Paul Sartre (1905-1980). Tampouco, algum outro despertou tanta polêmica. Em parte, porque – como bem salientou uma prestigiosa intérprete de seu pensamento, Colette Audry – Sartre nunca deixou de desconcertar seu público (não apenas este, acrescentamos). Por isso mesmo – ainda é a citada crítica que o afirma – Sartre reúne todas as condições para ser malcompreendido; mais ainda do que incompreendido, violentamente atacado. Mas também apaixonadamente incompreendido.

Com efeito, as objeções levantadas contra o existencialismo, se primordialmente voltadas para o movimento como um todo, quase sempre visavam à obra sartriana em particular. E não somente contra ela. Ao longo de seu itinerário intelectual, os ataques à pessoa de Sartre foram uma constante. As campanhas alertando contra a influência perniciosa da doutrina existencialista sobre a juventude se apoiavam tanto no combate à figura do filósofo quanto à do homem Jean-Paul Sartre. Ele reuniu contra si, numa coesão de forças que variou de grau segundo as conveniências políticas de cada grupo num determinado momento, setores ideologicamente opostos. Quando o existencialismo, rebaixado à condição de comportamento e atitudes, transformou-se num

Uma musa existencialista.

modismo, o jornal direitista francês *Le Figaro* escreveu, referindo-se a Sartre: "Não há obra mais ofensiva ao ser humano, mais degradante que a sua. O ódio é a sua profissão, escrever é o seu *hobby*". A esquerda, por sua vez, não lhe foi menos hostil. *L'Humanité*, órgão do Partido Comunista Francês, estampou em suas páginas: "Filósofo esotérico", autor de *A náusea*, dramaturgo em busca de escândalo, demagogo do terceiro time, essas são as etapas da carreira de Jean-Paul Sartre".

Entre nós, um crítico brasileiro de reconhecida filiação direitista referiu-se ao mais famoso livro de Sartre, *O ser e o nada*, como "vácua literatura de desengano, de pulhice e de inutilidade". Para uns, o filósofo francês não passava de um cabotino sem méritos, imoral e corrupto, tendo por meta a dissolução dos costumes. Outros, ainda, na tentativa de diminuir-lhe os méritos, apelavam até mesmo para detalhes totalmente alheios a uma avaliação crítica, como, por exemplo, censurar-lhe o hábito de escrever em cafés. Sartre frequentava o *Le Flore*, localizado no bairro parisiense de Saint-Germain-de-Près, cujo proprietário reservara uma dependência no pavimento superior para que seus fregueses escritores pudessem ali trabalhar enquanto o café propriamente dito estivesse fechado. Sartre costumava escrever mesmo quando o local estava repleto de gente, o que explica, possivelmente, as numerosas referências em *O ser e o nada* a pessoas, objetos e situações típicas do ambiente (garçons, mesas, casais etc.). A esse propósito, observou alguém que a preferência de Sartre por locais bastante diferentes da solidão e recolhimento de uma biblioteca (mais propícia à reflexão filosófica) em nada se compara à atitude de Sócrates de filosofar em praça pública com todo aquele que se dispusesse a isso.

Quanto aos ataques ao suposto caráter pernicioso – particularmente sobre a juventude – das ideias sartrianas, convém lembrar as palavras do ensaísta Maurice Cranston:

> Se se pode culpá-lo (a Sartre) de alguma coisa, será dos conceitos por ele emitidos que tanto servem de chavões para os palermas quanto para sua própria filosofia: a vida não tem sentido, Deus está morto, não existe lei moral, o homem é uma paixão inútil, etc. – um homem que fala assim tem de inflamar os jovens, os rebeldes e os descontentes. Na verdade, Sartre não traz alívio para os adolescentes niilistas. Ele é um moralista severo que ensina acima de tudo a necessidade de ser responsável e amadurecido. Acredita ser a virtude possível, mas difícil.

Ainda hoje perduram muitos juízos negativos sobre Sartre. Em alguns círculos intelectuais persiste a resistência em considerá-lo verdadeiramente um filósofo, sob o pretexto, nunca justificado, de que ele jamais meditou seriamente sobre qualquer um dos grandes temas filosóficos. Os mais condescendentes limitam-se a reconhecer-lhe unicamente qualidades de escritor, assim mesmo ressalvando tratar-se de um talento a serviço da vulgarização literária do pensamento de Heidegger.

Poderíamos prosseguir alinhando, quase indefinidamente, os inúmeros ataques e objeções dirigidos contra Sartre, julgamentos quase sempre indignos de consideração. Está fora do âmbito temático deste trabalho, contudo, deter-se neste ponto. Retomaremos, por conseguinte, o propósito que o preside desde as primeiras páginas de restringir-se basicamente à exposição das principais teses existencialistas.

Pode-se afirmar, sem erros, que a repercussão obtida pelo existencialismo teria sido menos barulhenta e duradoura se não tivesse existido a participação pessoal de Sartre no movimento. Mais modesta ainda sua influência sobre o pensamento filosófico contemporâneo, sem a contribuição intelectual dele. Evidentemente, fique claro isso, não compartilhamos da opinião daqueles que concedem ao indivíduo a primazia sobre os fatos históricos. Mesmo que o cidadão Jean-Paul Sartre não tivesse nascido, nem por isso deixaria de ter existido um movimento filosófico denominado existencialismo, fruto, já o vimos, de circunstâncias históricas determinadas. O que desejamos enfatizar aqui é a presença decisiva de Sartre dentro do existencialismo, sem a qual sua difusão muito dificilmente teria ultrapassado as fronteiras do continente europeu. Não por acaso, à medida que o filósofo se foi distanciando de suas posições iniciais e aproximando-se do marxismo, a maré existencialista entrou em refluxo. Sua liderança não se deveu ao simples fato de ter iniciado o movimento. Decorreu, essencialmente, da magnitude de seus dotes intelectuais, repartidos – numa rara e feliz combinação – entre o gênio filosófico e o talento de artista, ambos em alta proporção. Nenhum outro autor existencialista pôde rivalizar com ele nesse aspecto. Assim, os conceitos mais abstratos puderam com mais facilidade atingir um público bastante amplo por meio de romances, contos e peças teatrais, divulgação auxiliada por uma prodigiosa atividade jornalística que praticamente não excluiu de seu interesse nenhum assunto. Pense-se ainda no fino ensaísta e arguto crítico literário que foi Sartre, e torna-se fácil perceber as razões de seu êxito. É possível, portanto, estudar o pensamento existencialista contemporâneo detendo-se exclusivamente no exame da obra sartriana. Inversamente – parece fora de dúvida –, nenhuma abordagem da doutrina existencialista é viável se ignorar as ideias de Sartre.

A obra que projetou Sartre mundialmente foi *O ser e o nada*, publicada em 1943, no auge da Segunda Guerra Mundial. Anteriormente, ele publicara os livros *A imaginação* e *esboço de uma teoria das emoções*, em que investigava as consequências, no âmbito da psicologia, do conceito de intencionalidade, cuja importância já destacara no artigo *Uma ideia fundamental de fenomenologia de Husserl*.

O ser e o nada representou o amadurecimento das ideias acerca das quais há muito Sartre vinha refletindo, conforme ilustram os títulos antes citados. Embora surgido em meio a um acontecimento que centralizava a atenção de todos, a luta contra a barbárie nazista, o livro despertou bastante polêmica. Mas só depois de terminada a guerra é que a celeuma assumirá enorme proporção. Inicialmente, os críticos se levantaram contra a linguagem da obra, extremamente difícil, diziam. Ficou célebre, aliás, o comentário de Paul Foulquié, um dos pioneiros no estudo do existencialismo, segundo o qual bastariam os dedos das mãos para enumerar os leitores que, pacientemente, leram linha por linha *O ser e o nada*, e menos ainda para apontar os que, com sinceridade, declararam tê-lo compreendido integralmente. *O ser e o nada*, opinava Foulquié, era obra destinada aos especialistas. E mesmo estes, ressaltava, nem sempre estiveram convencidos de havê-la compreendido de fato.

Como tantas outras opiniões sobre o existencialismo, essa também se caracteriza pelo exagero. É inegável que a leitura de *O ser e o nada* apresenta-se árida para o leitor familiarizado com os grandes temas filosóficos. Contudo, a leitura de outros clássicos da filosofia não é menos árdua. De qualquer forma, Sartre, menos por admitir procedência a objeções desse teor, que preocupado em desfazer equívocos e distorções em torno de suas ideias, achou oportuno divulgar seu pensamento entre um público mais amplo. Para tanto, pronunciou num clube parisiense a conferência intitulada *O existencialismo é um humanismo*. Tempos depois, ele próprio manifestou-se insatisfeito com a iniciativa, considerando pouco rigorosa a exposição que fez. Era previsível que tal sucedesse, dada a impossibilidade de alguém expor minuciosamente, nos limites de uma palestra, o conteúdo de um livro de quase oitocentas páginas. Mesmo assim, o texto em questão permanece até hoje como a mais perfeita síntese das ideias fundamentais de Sartre e, por extensão, do existencialismo em geral. Passemos, portanto, a reproduzir suas teses básicas.

Sartre inicia a conferência expondo as críticas mais comuns feitas contra o existencialismo pelos marxistas e pelos católicos. Mais adiante, estabelece o traço que caracteriza todas as correntes existencialistas, qual seja, a aceitação do princípio celebrizado na fórmula *a existência precede a essência*.

Conforme mencionamos antes, as noções de *essência* e *existência* são contrapostas entre si. Trata-se de uma distinção clássica que remonta aos primórdios da Filosofia. Em que consiste a diferença entre os dois termos? A essência de uma coisa é aquilo que essa coisa é. A essência, por exemplo, da cadeira na qual me encontro sentado no momento em que escrevo este livro é a própria cadeira. Dessa essência participam todas as demais cadeiras existentes, não importa que tipo tenham nem de que material foram fabricadas. Mesmo que eu me retire para outra dependência da casa, nem por isso ficarei impedido de pensar nesta cadeira colocada em meu gabinete de trabalho, pois tenho comigo a ideia de *cadeira*, sua essência, enfim. Logo, a essência não implica obrigatoriamente a existência concreta do objeto no qual penso. É como se pensássemos em objetos reais e virtuais, isto é, aqueles que existem efetivamente e aqueles que têm possibilidade de existir. A existência seria assim algo de concreto, enquanto a essência corresponderia a algo de abstrato. A cadeira na qual me sento é a realidade concreta da ideia – essência – que tenho de cadeira, de todas as cadeiras. A essência de uma coisa, portanto, é aquilo que essa coisa é em si mesma, sem necessitar de nada mais que a qualifique. Não tem sentido, por exemplo, falar na essência *azul* de uma cadeira, o que já não acontece com a existência, caracterizada, definida concretamente por seu formato, tamanho, cor, tipo do material com que foi feita, etc., qualidades que a distinguem de outras cadeiras.

A palavra *essência*, vimos ao estudar a origem do termo, designava inicialmente o próprio ser, aquilo que uma coisa era em si mesma. Posteriormente, o vocábulo passou a significar a abstração máxima desse ser, em oposição à sua *existência*, que nomeia aquilo que existe concretamente. Dependendo da primazia concedida a um dos dois termos, uma corrente filosófica é classificada de *essencialista* – prioridade à essência – ou *existencialista* – prioridade à existência.[2]

Para o existencialismo, o princípio de que a existência precede a essência só tem validade em relação ao homem, único ser que dá sentido a tal prioridade. Nesse sentido, que significa, então, dizer que a existência precede a essência?

Sartre exemplifica: vejo sobre a mesa um corta-papel. Trata-se de um objeto que, para ser fabricado, o artífice teve de se inspirar previamente numa ideia, como se esta fosse uma espécie de receita, ao mesmo tempo que sua criação obedeceu a um fim utilitário, pois seria absurdo que sua fabricação tivesse sido gratuita, sem mais nem menos. Portanto, a ideia do corta-papel, sua essência, no caso, foi pensada antes que lhe fosse concedida existência. Quem acredita em Deus, evidentemente atribui-lhe o papel de artífice, de fabricante, capaz de conferir existência a tudo o que existe no mundo, de acordo com uma ideia, um modelo do qual derivariam todos os objetos. Mas, ainda que não se

---

2 Alguns filósofos rejeitam tal dualismo. Hegel, o mais notável entre esses, afirma que a existência brota da essência.
Heidegger, por seu lado, repudia a fórmula "a existência precede a essência". Em sua opinião, Sartre concebe os termos em questão em seu sentido clássico, invertendo apenas a ordem em que eles tradicionalmente aparecem. Tal inversão, a seu ver, não evita que o pensamento sartriano permaneça conforme os padrões estabelecidos pela tradição filosófica.

acredite na existência de Deus, é possível admitir que o homem singular, concreto procede de uma essência comum a todos os homens, algo como uma natureza humana. É como se cada homem fosse um exemplo particular de um conceito universal – o homem. Dessa maneira, tanto o homem primitivo quanto o homem civilizado partilhariam de uma mesma essência.

Sartre, entretanto, rejeita tanto a crença em Deus quanto a concepção de uma natureza humana.

> O existencialismo ateu – escreve ele –, que eu represento, é mais coerente. Declara ele que, se Deus não existe, há pelo menos um ser no qual a existência precede a essência, um ser que existe antes de poder ser definido por qualquer conceito, e que este ser é o homem ou, como diz Heidegger, a realidade humana. Que significará aqui o dizer-se que a existência precede a essência? Significa que o homem primeiramente existe, descobre-se, surge no mundo; e que só depois se define. O homem, tal como o concebe o existencialista, se não é definível, é porque primeiramente não é nada. Só depois será alguma coisa e tal como a si próprio se fizer. Assim, não há natureza humana, visto que não há Deus para a conceber.

Não há, por conseguinte, nada *a priori* a definir o homem, nenhum caráter essencial que o defina como algo dado para sempre. Sua essência surge como algo resultante de seus atos, daquilo que ele faz de si mesmo, algo a se realizar. O homem não é nada mais do que aquilo que se projeta ser. Tal é o primeiro princípio do existencialismo, afirma Sartre textualmente. O homem é antes de mais nada um projeto que vive subjetivamente, em vez de ser um creme, qualquer coisa podre ou uma couve-flor. Nada existe anteriormente a esse projeto; nada há no céu inteligível, e o homem, diz Sartre, será antes de mais nada o que tiver projetado ser. Se, no homem a existência precede a essência, ele será aquilo que fizer de sua vida, não havendo nada, além dele mesmo, de sua vontade, que determine seu destino.

Com isso, Sartre quer dizer que, quando nasce, o homem é nada. Não existem ideias inatas, anteriores ao surgimento do homem e destinadas a orientar sua vida, indicando que caminho ele deve seguir. As ideias o homem as extrai de sua experiência pessoal. O indivíduo primeiramente existe com o tempo, torna-se isto ou aquilo, quer dizer, adquire sua essência. Esta é que irá caracterizá-lo, mostrando-o em que se tornou – se bom ou mal, agradável ou antipático, destemido ou covarde, etc. A essência humana, portanto, só aparece como decorrência da existência do homem. São seus atos que definem sua essência. Logo, inicialmente o homem existe – e só depois é possível defini-lo, conceituá-lo. Enfim, da existência decorre a essência.

Qual o motivo de Sartre ressalvar, logo de início, que o primado da existência sobre a essência manifesta-se apenas no homem? Por que a precedência se verifica entre os demais seres? Qual a diferença, nesse caso, entre os homens e as coisas?

No homem – responde Sartre –, a existência precede a essência porque só ele é livre. Ao contrário dos outros seres, o homem não é predeterminado. Na semente de uma planta encontra-se tudo aquilo que ela será ao desenvolver-se normalmente. Em sua essência encontra-se determinada sua essência. Nesse ponto, os existencialistas, contrariamente à tradição que afirma a existência de tudo o que é real, proclamam a distinção entre *existir* e *ser*. O homem *existe*, enquanto a pedra *é*. Tal diferença implica que o homem, diversamente dos demais objetos existentes no mundo, é livre. Ele é pura liberdade. A cada momento, o homem tem de escolher aquilo que será no instante seguinte. O homem deve ser inventado todos os dias, sintetiza Sartre.

É através da liberdade que o homem escolhe o que há de ser – escolhe sua essência e busca realizá-la. É a escolha que faz entre as alternativas com que se defronta que constitui sua essência. E é essa escolha que lhe permite criar seus valores. Não há como fugir a essa escolha, pois mesmo a recusa em escolher já é uma escolha. Ao escolher, o homem escolhe sua essência – e a realiza. Como se processa a aquisição dessa essência? Justamente através das noções de projeto e de escolha, já mencionadas antes. Se o homem primeiramente existe, não sendo nada a princípio, se a ideia de Deus é eliminada, se a cada instante o homem tem de escolher aquilo que vai ser, então só a ele cabe criar os valores sob os quais dirigirá sua vida. Criando-os, torna-se responsável por tudo que fizer. O homem, diz Sartre, não é nada mais que o seu projeto, só existe na medida em que o realiza através da série de seus atos. Se no homem a essência precedesse a existência, ele não poderia ser livre, pois desde o princípio sua vida estaria predeterminada. É a liberdade, por conseguinte, que dá fundamento aos valores. Se, o homem é totalmente livre, é, consequentemente, responsável por tudo aquilo que escolhe e faz. Não há desculpas para ele. O sucesso ou fracasso de seus atos são obra sua; não lhe é permitido culpar os outros ou as circunstâncias pelos seus erros. Livre, está vedada ao homem a autoindulgência. A liberdade não é uma qualidade que se acrescente às demais apresentadas pelo homem – ela é o que o constitui como homem. A liberdade é o único fundamento do ser, afirma Sartre, repetindo as palavras de Descartes.

Vê-se, então, que a liberdade, na perspectiva existencialista, difere de sua concepção clássica, que a identifica com o livre arbítrio. Na visão sartriana, ela assume uma dimensão mais ampla do que o mero exercício de vivê-la como uma faculdade que nos permite fazer ou deixar de fazer uma coisa. Para o existencialismo, a liberdade é a capacidade do indivíduo de decidir sobre sua vida, escolhendo-a e por ela se responsabilizando. Essa liberdade, entretanto, não é absoluta, já que o homem vive uma existência concreta, situada no tempo e no espaço, portanto, condicionada, limitada pela sociedade com suas regras e convenções, às quais seus integrantes têm de se submeter. Por isso, em determinados momentos, o homem entra em conflito com o meio social ao qual pertence. Mais ainda: vê-se diante do que Sartre, adotando uma expressão cunhada por Karl Jaspers, classifica de situações-limite: a guerra, o sofrimento, a morte. O homem, então, conscientiza-se das limitações impostas à livre manifestação de sua existência. Se a essência da liberdade é a escolha, e se a liberdade é a escolha, e se a liberdade é o fundamento de todos os valores, isso implica sua defesa pelo homem. E ao defender a liberdade, o homem reconhece seu caráter universal, pois, ao defendê-la, o faz para si e para todos os homens. Tornemos mais clara essa ideia de Sartre. Quando o indivíduo escolhe, atribui um significado ao mundo que ultrapassa o simples ato de uma decisão individual. Ao escolher para si, escolhe também para os outros. Por quê? Porque, quando escolhe, o homem está definindo o que lhe parece ter validade geral, universal. Sartre, aqui, aproxima-se do imperativo categórico kantiano, que estabelece a exigência de que o ato individual tenha uma validade ética universal.

Sartre, já foi dito antes, não crê na existência de uma natureza humana; mas não nega que existe uma condição humana válida universalmente, caracterizada justamente pelas limitações anteriormente mencionadas.

Após sua apresentação para uma grande audiência, a conferência "O existencialismo é um humanismo" foi repetida para uma platéia constituída de marxistas e cristãos, ocasião em que ambas as correntes puderam expor diretamente suas objeções ao existencialismo.

De forma mais concentrada do que aquela utilizada quando proferiu a conferência pela primeira vez, Sartre refuta as críticas de que o existencialismo era um estímulo ao quietismo, à passividade absoluta, contribuindo, dessa forma, para a degradação humana. Ao contrário, protesta ele. O existencialismo é uma moral da ação e é um humanismo. É uma moral da ação porque afirma a supremacia dos atos e nega a potência, obrigando o homem a agir ao desfazer-lhe ilusões sem nenhum sentido. O existencialismo é um humanismo porque é a única filosofia capaz de tornar a vida humana digna de ser vivida.

Segundo os adversários do existencialismo, o quietismo dessa doutrina decorreria de seu fundamento puramente subjetivo. Dessa forma, argumentavam, o homem se vê impossibilitado de solidarizar-se com seus semelhantes, desligado que está de toda existência pública, lançado num mundo absurdo, desprovido de sentido, obrigado, como prescreve a ética existencialista, a criar por si só seus valores, pois a fonte da qual poderia extraí-los, Deus, foi suprimida, o que acaba por conduzi-lo ao desespero.

Nota, então, Sartre que a subjetividade é o ponto de partida de toda doutrina filosófica. É a subjetividade que impede o homem de se tornar objeto, fazendo prevalecer sua condição de sujeito.

E o desespero, é inevitável?

O existencialismo, proclama Sartre, declara que o homem é angústia. Isso significa que, reconhecendo-se livre, ele percebe que não é apenas o que escolheu ser, mas também um legislador que, ao escolher para si mesmo, escolheu também para a humanidade inteira. O indivíduo se angustia porque se vê na situação de escolher sua vida, seu destino, sem buscar orientação ou apoio em ninguém. Sente-se desamparado. Livre, sendo o projeto que fizer para si, responsável por seu próprio destino, já não há mais desculpas para ele. "Não está descrito em parte alguma – escreve Sartre – que o bem existe, que é preciso ser honesto, que não devemos mentir. Sozinho – e sem desculpas –, o homem está condenado a ser livre. Condenado, porque não se criou a si próprio; mas livre, porque, lançado no mundo, é responsável por tudo quanto fizer."

Sartre exemplifica: o covarde se faz covarde, da mesma forma que o herói se faz herói. Mas há sempre a possibilidade de o covarde deixar de ser covarde, o mesmo podendo acontecer com o herói. Isso só depende do homem, de sua liberdade. Daí, Sartre afirmar: "O existencialismo não é senão um esforço para tirar todas as consequências de uma posição atéia coerente. Tal ateísmo não visa de maneira alguma mergulhar o homem no desespero". E acrescenta:

"O existencialismo não é de modo algum um ateísmo no sentido de que se esforça por demonstrar que Deus não existe." Ele declara antes:

> Ainda que Deus existisse, em nada alteraria a questão; esse o nosso ponto de vista. Não que acreditemos que Deus exista; pensamos antes que o problema não está aí, no da sua existência: é necessário que o homem se reencontre e se convença de que nada pode salvá-lo de si próprio, nem mesmo uma prova válida da existência de Deus.[3]

Sartre, enfim, defende a tese de que o existencialismo é um otimismo, uma doutrina da ação. Seu desespero, diz, é ativo, pois obriga o homem a agir.

O intento de Sartre, na conferência citada, de rebater as críticas endereçadas à sua doutrina, foi reforçado posteriormente por sua companheira Simone de Beauvoir através de um interessante ensaio intitulado *O existencialismo e a sabedoria das nações*. Vale a

---

3 Sartre distingue duas espécies de existencialismo: o cristão e o ateu. Na primeira corrente inclui Gabriel Marcel (1889-1973) e Karl Jaspers; na segunda, à qual declara pertencer, relaciona Heidegger e os demais existencialistas franceses. Tal distinção provocou protestos de Marcel, que se confessou mais próximo de Heidegger do que de Jaspers. Heidegger, por sua vez, não admitiu seu ateísmo, declarando que a existência ou não de Deus não afetava os princípios de sua filosofia.

pena, por isso, sumariar seus pontos de vista a respeito do tema.

Diz de Beauvoir que um americano confessou-lhe certa vez que os franceses costumavam equacionar os problemas, sem resolvê-los, ao passo que nos Estados Unidos se procedia inversamente. De uma maneira irônica, seu interlocutor expressava as críticas habitualmente dirigidas contra o pensamento especulativo, encarado, com frequência, como algo que não ajuda a viver. Pelo contrário, até atrapalha. Assim, prossegue a autora, os ataques contra o existencialismo indicavam não tanto a preferência por alguma outra doutrina, e sim uma recusa à filosofia de modo geral. Tal procedimento a pensadora francesa considerava ser decorrente de uma coleção de lugares-comuns, incoerentes e contraditórios, constituindo o que se convencionou chamar de *sabedoria das nações*. Trata-se, na verdade, acrescenta, de uma visão do mundo que convém pôr em causa. Analisada seriamente, essa sabedoria se revela insatisfatória. Se muitos optam por ela, isso se deve unicamente à pura preguiça mental.

Na defesa do existencialismo, de Beauvoir procura mostrar que não existe divórcio entre filosofia e vida. Ela recorda que sempre existiram escolas filosóficas que descreveram o homem com pouca generosidade, e nem por isso seus criadores e adeptos deixaram de obter reconhecimento público. O tema da miséria do homem, salienta, nada tem de novo. Toda uma tradição cristã cuidou de incutir no homem o sentimento de sua abjeção. Se é verdade que os que acreditam em Deus crêem que o pecado original, causa da degradação humana, pode ser remido com o auxílio da graça divina, há muitos descrentes do sobrenatural convictos da natureza corrupta do ser humano. Ambos negam ao homem qualquer virtude. Se não houvesse o receio do inferno ou o freio da sociedade, dizem, os apetites grosseiros do indivíduo o conduziriam aos piores excessos. Aos olhos dessas pessoas, frisa de Beauvoir, é absolutamente impossível a amizade honesta entre um homem e uma mulher. Esta lhes parece demasiado frágil para resistir à lubricidade de um macho. Assim também, as precauções com que os pais e educadores cercam as crianças indicam claramente que, no fundo dessas almas jovens, eles imaginam existir a propensão para todas as perversões. O pessimismo cristão sublinha sobretudo o que considera a miséria carnal do homem, sua luxúria e sensualidade, atitude própria de moralistas tipo La Fontaine, que denunciam a hipocrisia e a baixeza do ser humano convictos de que é movido unicamente por seus interesses pessoais. Interpretação tão mesquinha nem por isso tem levado as pessoas à indignação. Pelo contrário, ao longo do tempo ela tem sido aceita.

Por que, então, tanta resistência em aceitar o existencialismo?

O motivo está, responde de Beauvoir, no fato de o existencialismo se apresentar como uma ação desinteressada – isso inquieta as pessoas. Desconfiadas, elas procuram as razões ocultas de cada ato, na suspeita de que algo está sendo tramado visando prejudicá-las. Sossegam apenas quando vêem claramente as vantagens obtidas por um indivíduo num empreendimento, mesmo que à custa de traição, calúnia, mentira, ou qualquer outra vilania. Não lhe recusam o perdão, desde que descubram a existência do objeto de sua conduta. Indulgentes, exclamam: "Isso é humano."

Da mesma forma, não foi o existencialismo que revelou aos homens que eles teriam de morrer um dia – eles sempre o souberam. E o que responde de Beauvoir aos que acusam o existencialismo de um extremado subjetivismo? Ela aponta-lhes uma contradição flagrante, qual seja, o arraigado egoísmo, que os leva a se dedicarem completamente a seus interesses pessoais. Enquanto isso, a doutrina existencialista prega exatamente o contrário: ela afirma que a vida humana tem de se comprometer com a de seu semelhante. Se assim é, por que então a insistência em afirmar que o existencialismo atribui demasiada importância à subjetividade? Ocorre que na moral do interesse o sujeito nunca aparece: o *eu* de que se fala é um objeto do mundo. No existencialismo, inversamente, o *eu* não existe se não for como sujeito autêntico, que se lança, livre, sem auxílio nem guia, num mundo em que o indivíduo não é definido por interesses preexistentes – ele é que os cria. Por isso, é falso afirmar que o existencialista não acredita que o homem está irremediavelmente condenado à miséria moral. Não o considera nem naturalmente bom, nem naturalmente mau. A princípio, o homem não é nada: cumpre-lhe fazer-se uma coisa ou outra, conforme assuma ou negue sua liberdade.

      Os existencialistas também não negam o amor, a amizade e a fraternidade entre os homens. Veem nessas relações, em verdade, o fundamento a partir do qual o ser humano poderá realizar-se autenticamente. Consideram apenas que tais sentimentos necessitam ser conquistados. Para tanto, o homem dispõe de sua liberdade, o que lhe permite escolher seu destino, ideias que só uma filosofia otimista pode defender. É esse otimismo, prossegue de Beauvoir, que inquieta os detratores do existencialismo. Não é por serem deprimentes que as descrições e análises existencialistas indignam as pessoas, mas sim por revelarem que o mal resultou da liberdade do homem. Honesto ou desonesto, foi o indivíduo que escolheu ser assim. A descoberta dessa responsabilidade assusta. Em lugar de uma moral exigente – a existencialista –, as pessoas preferem um pessimismo que, se não concede esperança ao homem, tampouco lhe exige alguma coisa. A doutrina existencialista incomoda justamente porque exige uma tensão constante. Mas por que a obstinação do existencialismo em exigir que as pessoas exerçam sua liberdade, retirando-se, assim, da posição de segurança em que se encontram? Enfim, o que se ganha sendo existencialista?

Nem Kant nem Hegel, replica de Beauvoir, jamais se perguntaram sobre as vantagens de alguém ser kantiano ou hegeliano. Ambos diziam o que pensavam, tendo por único fim encontrar a verdade. Se essa verdade é incômoda, pouco importa. O existencialismo não pretende desvendar ao homem a infelicidade oculta de sua condição, mas ajudá-lo a enfrentá-la, já que é impossível ignorá-la. Não encarando a verdade de frente, o homem acaba se esgotando de tanto debater-se contra ela.

Observamos antes que o propósito de Sartre de tornar suas ideias mais acessíveis a um público mais amplo revelou-se insatisfatório, inclusive para ele próprio, pois se tratara, no caso, de condensar no âmbito de uma conferência um volumoso tratado filosófico. Se mesmo Sartre não atingiu plenamente seu objetivo, julgamos, no mínimo, temerário alguém mais aspirar a ser bem-sucedido em semelhante tarefa. Descartada tal pretensão, é lícito reconhecer, no entanto, a dificuldade, mesmo num trabalho introdutório, de escrever sobre Sartre e o existencialismo sem pelo menos resumir as teses básicas de *O ser e o nada*, o que passamos a fazer adiante.

O crítico e cineasta Alexandre Astruc, autor de um documentário sobre Sartre, comparou *O ser e o nada* a uma história policial, na qual o filósofo francês é o detetive encarregado de desvendar um intrincado mistério: o sentido e as razões da existência humana. Vejamos então quais os personagens envolvidos na trama.

O livro está assim dividido:

INTRODUÇÃO
Em busca do ser

1ª PARTE
O problema do nada

Capítulo I
A origem da negação

Capítulo II
A má-fé

2ª PARTE
O ser para-si

Capítulo I
As estruturas imediatas do para-si

Capítulo II
A temporalidade

Capítulo III
A transcendência

3ª PARTE
O para-outro

Capítulo I
A existência do próximo

Capítulo II
O corpo

Capítulo III
As relações concretas com o próximo

4ª PARTE
Ter, fazer e ser

Capítulo I
Ser e fazer: a liberdade
Capítulo II
Fazer e ter
CONCLUSÃO

Na introdução, "Em busca do ser", Sartre expõe os pressupostos do método fenomenológico e define as duas categorias em que a existência se divide: o "em-si" (*en-soi*) e o "para-si" (*pour-soi*). O "em-si" corresponde ao mundo das coisas materiais (pedras, plantas etc.), aquilo que se encontra fora do sujeito, que tem existência *em si mesmo*, intemporal. O "para-si" é o mundo da consciência, aquilo que tem a existência *por si mesmo*, a realidade humana. A consciência é um "ser-para-si" porque é autorreflexiva, porque pensa sobre si mesma.

Ao examinar a ideia de fenômeno, Sartre assinala que o pensamento moderno realizou um progresso considerável ao conceber o que existe como a série de aparições que o manifestam. Com isso, suprimiu-se o dualismo que opõe no existente o exterior e o interior, se se entende este, observa Sartre, como uma pele superficial sob a qual a verdadeira natureza das coisas se esconde. Tal natureza, se suposta como uma realidade secreta apenas pressentida, mas nunca alcançada, tampouco existe. As aparições que manifestam o existente não são nem interiores nem exteriores: elas se equivalem. A força aplicada sobre um corpo, por exemplo, não é um contato metafísico e de espécie desconhecida que se esconde por trás de seus efeitos (deslocamento, aceleração etc.). Ela é o conjunto desses efeitos. Também no campo filosófico, salienta Sartre, o dualismo do *ser* e do *parecer* parece encontrar o direito de cidadania. E acrescenta: a aparência remete à série total das aparências e não a uma realidade oculta.

Cai também a dualidade da *potência* e do *ato*. Tudo se encontra no ato – atrás dele não há potência. Sartre exemplifica: não se deve entender por "gênio" uma espécie de potência singular capaz de produzir obra. O gênio do escritor francês Marcel Proust (1871-1921) não é nem sua obra considerada isoladamente nem sua capacidade pessoal de produzi-la. O gênio de Proust, enquanto escritor, é a obra considerada o conjunto de manifestações de sua pessoa.

Mas reduzido o existente a suas manifestações, logrou-se eliminar todos os dualismos? Aparentemente sim, responde Sartre. Na realidade, acrescenta, todos passaram a ser englobados em um novo dualismo: o do finito e infinito. Tal dualismo passa a ser expresso pelas categorias do *ser* e do *parecer*, a partir das quais Sartre assentará os fundamentos de sua ontologia.

Na primeira parte, "O problema do nada", Sartre afirma que para a consciência atingir as coisas, chegar até elas, tem de conter o *nada*, o *não-ser*. Ele rejeita a ideia de Kant de que o nada se origina da negatividade. Acolhe, em seu lugar, a posição heideggeriana, já resumida por nós, qual seja, a de que não é a negação que fundamenta o nada, mas o contrário, o nada que fundamenta a negação. Observa Sartre que podemos formular juízos negativos independentemente da noção anterior de negação. Por quê? Porque o "para-si" contém o nada. Que significa isso? Significa que o homem só pode negar porque carrega consigo uma espécie de nada, ele cria o nada, nadifica as coisas. (*Nadificar* é a tradução aproximada do neologismo francês *néantiser* criado por Sartre).

É o nada, afirma Sartre, que fundamenta o juízo negativo, e é o "para-si", a consciência, o homem, enfim, que traz o nada ao mundo, que o revela. Quando pergunto o que uma coisa é, implicitamente sugiro que ela *não é* muitas outras coisas. A consciência, portanto, possui a capacidade de nadificar, o "para-si" faz com que o nada apareça, desabroche. Mas como se manifesta, na vida cotidiana, esse poder de nadificação? Eis o exemplo descrito por Sartre: tenho um encontro marcado com Pedro às 4 horas, num bar. Atrasei-me 15 minutos. Como Pedro é sempre pontual, tenho dúvidas sobre se terá esperado. Olho o local e não o vejo entre os frequentadores. Há em mim a intuição da ausência de Pedro. Quando me interrogo sobre as coisas, lanço sobre elas a negatividade. Indago por que as coisas são dessa forma e não de outra. Existe Pedro e existe o bar. Mas estou à procura de Pedro. Por isso, em vez de "vejo o bar", digo "não vejo Pedro". O bar, evidentemente, não contém a ausência de Pedro, mas a consciência, o "para-si", *a nadifica*. O nada se faz presente na consciência. O "para-si" é o ser através do qual o nada vem às coisas. A consciência, portanto, é nadificação.

A capacidade do "para-si" de nadificar as coisas, de imaginar o nada, é a prova de sua liberdade. Mas o que leva Sartre a estabelecer o nexo entre nadificação e liberdade? Qual a relação entre os dois conceitos?

Lembremos aqui que Sartre adota como método de análise filosófica os princípios básicos da fenomenologia. A exemplo de Husserl, ele não concebe a consciência como uma espécie de recipiente onde estariam depositadas as imagens e representações dos objetos. A consciência, ao mesmo tempo, não está contida no mundo das coisas – ela está no mundo. Tampouco está como que afundada na realidade. A característica fundamental da consciência, sabemos, é a *intencionalidade*, é a tendência de estar sempre voltada para fora. Nesse sentido, a consciência é o nada, o que lhe propicia a capacidade de imaginar, de transcender, de ir além da situação presente, dos fatos imediatos. É a imaginação que possibilita à consciência criar mentalmente as coisas e reconstituí-las quando elas não se encontram presentes fisicamente. Daí, a afirmação sartriana de que é o "para-si" que faz com que exista um mundo. É por meio da consciência que o mundo adquire significado. Sem o "para-si", toda a realidade se reduziria ao "em-si". É o nada, portanto, que fundamenta a liberdade.

Já vimos, linhas atrás, que a liberdade, na concepção sartriana, é fonte de angústia do "para-si". Vejamos agora se há possibilidade de o indivíduo escapar do paradoxo de estar condenado à liberdade. Sartre responde afirmativamente. De que maneira? Por meio do comportamento que ele denomina má-fé.

Livre, consciente disso, o homem se angustia porque se vê compelido a escolher. A angústia da liberdade é a angústia de optar, de fazer escolhas. Contra a sua liberdade, para fugir dela, tentando assim escapar da angústia que lhe provoca a consciência de ser livre, o homem se refugia na má-fé. Forçado pelas circunstâncias a agir, a escolher, o que significa assumir a responsabilidade pela decisão que tomar, o indivíduo busca disfarçar essa exigência adotando uma atitude de má-fé – finge escolher, sem na verdade escolher. Desprovido de essência e angustiado por saber que lhe cabe criá-la, deixa-se iludir pela ideia de que seu destino está irremediavelmente traçado.

Sartre trata de distinguir entre angústias e medo, deixando claro que são noções fundamentalmente diferentes entre si. A consciência se angustia em virtude de alguma coisa, enquanto sente medo diante de algo que lhe é externo, que ameaça sua existência. O medo decorre de alguma coisa objetiva, determinada. A angústia, por sua vez, brota do nada. E a consciência do nada que angustia o "para-si". O nada é o fundamento da angústia.

Sartre ilustra a distinção com dois exemplos.

O soldado que irá abrir fogo pela primeira vez tem medo das granadas. E o que lhe poderá causar angústia? O efeito imprevisível que esse medo provocará em seu comportamento.

O homem que passeia pela montanha receia que uma avalanche ocorra e uma pedra desabe sob seus pés. O que o angustia é a tentação de, próximo a um precipício, projetar-se no espaço.

Cabe agora uma pergunta: quais as formas que a má-fé assume? Em que situações ela ocorre?

Uma delas é a convicção do indivíduo de ser o que não é, de estar agindo quando não está, de escolher quando de fato não está. Ele se encontra apenas desempenhando um papel. O exemplo fornecido por Sartre é o do garçom no café: o garçom se desincumbe de seu ofício como se este fosse sua própria essência, da mesma forma que um nabo é um nabo. Cumpre seu serviço como se outra opção não lhe restasse, nenhuma escolha além dessa. A profissão que exerce se assemelha a um destino, a uma espécie de fatalidade. O garçom, o "para-si", torna-se um "ser-para-outro", ou seja, comporta-se conforme os frequentadores do café o veem. Vê a si mesmo pelos olhos dos outros e age de acordo com essa linguagem. O "para-si" diante do olhar do outro assume uma postura de "em-si" (mais adiante, nos estenderemos um pouco além a respeito das relações entre o "para-si" e o "para-outro").

Outro exemplo da conduta de má-fé relatado por Sartre é o da mulher que sai pela primeira vez com um homem. Ao aceitar o convite, ela sabe perfeitamente das intenções de seu acompanhante. Sabe também que por isso mesmo cedo ou tarde terá de tomar uma decisão. Procura, contudo, adiá-la. Enquanto isso, prefere ater-se com as atitudes de respeito e discrição de seu interlocutor, buscando vê-las conforme se lhe apresentam naquele momento, procurando, assim, ignorar o que ocorrerá mais adiante. Dessa forma, extrai das frases que lhe são dirigidas unicamente seu sentido explícito, objetivo, imediato. Se alguma apresenta conotação sexual, finge ignorar, faz-se de desentendida. Seu acompanhante lhe parece respeitoso, como a mesa é redonda ou quadrada, ou as paredes são azuis ou cinza. Sabe do desejo que provoca no companheiro, mas se recusa a admitir isso de maneira crua, o que lhe causaria nojo. Contudo, não lhe agradaria ser alvo apenas do mero respeito. Para que se sinta satisfeita, é necessário um sentimento que seja inteiramente dirigido à sua pessoa. Quando o homem lhe segura as mãos, ela consente, mas finge não perceber o gesto. Leva seu companheiro a enveredar por devaneios sentimentais, enquanto ela retarda sua decisão. Deixa sua mão entre as dele, sem consentir nem resistir a esse ato. Almeja, assim, resguardar sua liberdade de escolher, escamoteando-a. Deixa que o outro escolha em seu lugar.

Da mesma forma que a angústia se distingue do medo, a má-fé tampouco se confunde com a mentira.

A mentira implica que o mentiroso está consciente da verdade que oculta. Não se mente acerca daquilo que se ignora. A mentira, salienta Sartre, é um fenômeno normal do que Heidegger denomina "ser-com" (*mit-Sein*). Ela supõe minha coexistência com os outros indivíduos. A má-fé, por sua vez, conquanto estruturalmente se pareça com a mentira, desta se diferencia porque é o indivíduo que mascara a verdade para si. Aquele a quem mente e aquele que mente, o enganador e o enganado, são uma única pessoa. A verdade que o indivíduo dissimula recai sobre ele mesmo – é a própria vítima de sua mentira. A má-fé difere da mentira porque não se trata de um comportamento que o indivíduo adota contra alguém, mas sim contra sua *própria* pessoa. Isso não exclui que a má-fé não seja também, como a mentira, condicionada pelo "ser-com". O indivíduo mente a si mesmo como forma de fugir à responsabilidade de suas ações. Mas, ao proceder assim, ao evitar fazer escolha, e a agir conforme esperam que aja, ele procura imaginar-se segundo os outros o veem. Como acentua Sartre, a má-fé não vem de fora da realidade humana.

Nesse ponto de sua análise, Sartre se revela totalmente contrário às ideias do criador da psicanálise, Sigmund Freud (1856-1939).

Segundo a psicanálise, a personalidade humana está dividida em três regiões: *o ego*, identificado como o *eu*, a *consciência*, o estágio em que o indivíduo já adquiriu sua personalidade plena; o *id* ou *infra-ego*, onde se alojam os instintos, os impulsos que conduzem o indivíduo a ações não controladas por sua vontade; e o *superego*, correspondente às imposições morais e sociais estabelecidas pela sociedade.

O *id* ou *infra-ego*, eis o princípio básico da psicanálise, é a região da personalidade do indivíduo da qual ele não tem consciência. É, portanto, uma zona inconsciente. O inconsciente constitui-se de impulsos cujas origens desconhecemos. É como se cada um de nós fosse guiado por forças cegas, por conseguinte, sem qualquer responsabilidade por seus atos, pois estes, em suma, nada mais são que situações simbólicas de conteúdos ignorados pelo indivíduo. Mas o que impede que tal conteúdo aflore à consciência? Um mecanismo psíquico chamado *censura*, responde Freud.

A censura, na concepção psicanalítica, é a linha divisória entre o consciente e o inconsciente, um aparelho controlador que impede que os elementos de uma região transitem diretamente para outra, sem nenhum embargo. Existe, portanto, um mecanismo de defesa do *eu* que se opõe à manifestação na consciência de fatos desagradáveis, recalcando-os, por isso mesmo, para o inconsciente. A censura encarrega-se de dificultar-lhes o retorno à consciência.

Para que essa linha divisória seja ultrapassada, torna-se necessária a intervenção do psicanalista que, como uma espécie de mediador, de construtor de pontes, estabelecerá o tráfego entre as duas regiões, utilizando-se, para tanto, de um processo de associação de ideias.

Para Sartre, é outra a estrutura da mente humana, e não aquela apresentada por Freud. A consciência divide-se entre *ser* e *não ser*. O indivíduo acredita na mentira que prega, mas nem por isso desconhece a verdade que busca ocultar. Ele tem consciência daquilo que oculta, não desconhece os motivos de seus atos, as causas que o levaram a agir. Apenas se refugia numa máscara para não assumir sua liberdade. Não existe inconsciente, proclama Sartre. As pessoas não são dirigidas por forças inconscientes – todos os seus atos são conscientes. Logo, a origem dos complexos é consciente.

Sartre não nega validade ao princípio psicanalítico segundo o qual a personalidade do indivíduo se expressa até mesmo em seus atos mais corriqueiros, nos gestos e atitudes aparentemente mais insignificantes. Por exemplo, os atos falhos de linguagem, como o esquecimento de nomes ou trocas de palavras são indicativos da personalidade humana. Para a psicanálise, efetivamente, nossa conduta diária pode revelar tendências inconscientes mesmo nas pequenas coisas vistas como acidentais, gratuitas, sem sentido. No livro *Psicopatologia dos fatos cotidianos*, Freud analisa várias manifestações tidas como incidentes banais, decorrentes, assim se acredita comumente, do acaso, de um estado de fadiga ou de algum distúrbio de natureza fisiológica. A doutrina psicanalítica crê que o esquecimento ou a troca de nomes e a perda de objetos, por exemplo, são fatos que frequentemente se apresentam com uma significação psicológica precisa.

Nesse ponto, Sartre não apenas concorda com Freud, como vai mais além. No capítulo de *O ser e o nada* dedicado à análise do corpo, Sartre concebe a qualidade das coisas materiais como reveladoras do Ser.

Assim, na concepção sartriana, o homem se revela até mesmo em sua alimentação, pois, quando ele escolhe um alimento, escolhe o ser com que vai fazer sua carne. O que Sartre recusa é a distinção freudiana entre *ego* e *id*, qualificando-a de um exemplo típico de má-fé. Ao cindir o psiquismo entre consciente e inconsciente, Freud enseja que uma parte contemple a outra como se fosse um objeto e que, reduzida a tal condição, tire do indivíduo sua responsabilidade sobre ela. Ou seja, o inconsciente exime o homem de ser responsável por seus atos. A noção de censura psicanalítica examinada sob o aspecto lógico, assim a vê Sartre, apresenta-se contraditória em si mesma. Se se trata de um mecanismo psíquico encarregado de recalcar os impulsos instintivos proibidos de atingir a consciência, como é possível que ele aja pleno de *intencionalidade*? Como se explica, enfim, que exista algo que tem consciência do que reprime e, ao mesmo tempo, desconheça o reprimido?

A mente humana, eis a concepção sartriana, contrariamente ao que afirma a psicanálise, não pode recalcar tendências que desconhece. Por conseguinte, a resistência oferecida pelo paciente submetido a tratamento psicanalítico, quando está próxima a revelação da origem de seus conflitos e angústias, não decorre de um mecanismo inconsciente de defesa que recalca verdades indesejáveis.

A que se deve atribuir então tal resistência? À má-fé, responde Sartre. Contra Freud, Sartre proclama que tudo que se passa na consciência tem explicação nela mesma. Cada ato do indivíduo expressa aquilo que de fato ele é. A consciência tudo revela.

Na segunda parte de *O ser e o nada*, "O ser para-si", Sartre intenta o exame das estruturas imediatas da consciência. Nelas identifica duas características básicas: a temporalidade e a transcendência.

Ao contrário do "em-si", o "para-si" é "ausência de si" e "presença de si". Portanto, não se trata de algo maciço, compacto. Ou seja, a consciência, ao contrário, por exemplo, de uma pedra, não consegue coincidir plenamente consigo mesma. Há contraste entre o *eu* e o *não-eu*, o *real* e o *ideal*. Nesse ponto, Sartre discorda de Hegel, que afirma que o "para-si" é a verdade do "em-si".

Ao projetar-se, a consciência origina o tempo e nele mergulha. Seguindo o exemplo de Husserl, Sartre não se detém na noção clássica de tempo. Não o concebe como uma sucessão de eventos – mas como uma síntese. Tampouco o define como um fenômeno exterior à consciência, como se sua existência independesse dela. O tempo, segundo ele, se manifesta na consciência do homem, constituindo-se numa de suas dimensões básicas. O tempo é a união de "para-si" com o "em-si".

Na terceira parte de seu tratado filosófico, "O para-outro", Sartre estuda as relações humanas, mais precisamente a existência do próximo e suas relações concretas com o "para-si". Ou ainda: como o "para-si" se relaciona com os demais "para-si".

O que é o outro? É aquilo que o "para-si" não é.

O "ser-para-outro", afirma Sartre, é a estrutura essencial do "para-si", porque o liga ao "em-si". Como? O "ser-para-outro" tem a função de revelar ao "para-si" sua própria existência transformando-o em objeto através de seu poder nadificador. Aparentemente, o "para-si" se reduz a um "em-si".

Ao relacionar-se com os demais indivíduos, o homem vê sua liberdade condicionada pela liberdade alheia. De sujeito, torna-se objeto, coisa, para as outras consciências, alvo da liberdade do próximo. Mas de que maneira se verifica esse processo de coisificação? Através do olhar do outro. O "para-si" sente-se ameaçado pelo olhar do outro, olhar, diz Sartre, que me desloca para além de meu ser neste mundo, lança-me no meio do mundo, que é, simultaneamente, este mundo e mais além. A consciência, o "para-si", experimenta a sensação incômoda de existir como objeto para os outros, como parte de seu mundo exterior.

Existe através do olhar alheio, que assim a fixou. Existe porque é percebida – é um "ser-para-outro". Por isso, o "ser-com" é uma relação de conflito. (Ao estudarmos a atitude de má-fé frisamos que, embora ela se distinga da mentira, nem por isso deixa de ser, como esta, condicionada pelo "ser-com". Vemos, agora, mais claramente, tratar-se de um comportamento surgido da convivência com o outro.)

Sartre ilustra a análise com o fenômeno da *vergonha*. O ato de envergonhar-se atesta a existência do outro. A vergonha não existiria caso não houvesse mais ninguém no mundo para testemunhar os meus atos. Para que eu me envergonhe, é preciso que o outro, ao fazer com que eu me julgue objeto, propicia que a vergonha se manifeste em mim.

Há saída para o conflito?

A alternativa apontada por Sartre, mas fadada ao fracasso, é a do relacionamento amoroso. Por que fracassada?

O amor busca a síntese impossível entre o "para-si" e o "para outro". O amante ambiciona possuir a pessoa amada como sujeito, não como objeto, coisa, julgando assim dominar a essência do outro ao mesmo tempo que recupera sua subjetividade, o *eu* que o outro lhe roubara. Igualmente, deseja ser amado como sujeito. Exige que ambos, possuidor e possuído, sejam sujeitos. Mas isso é impossível, pois para que assim fosse, o *eu* teria de se identificar com o outro, o que seria um absurdo, já que teríamos de admitir em um único ser dois corpos diferentes.

Malogrado em seu intento, o amante sofre. Percebe que não é compreendido pela criatura amada e que não consegue fazer com que ela se sinta compreendida por ele. Qual a saída, então? Aparentemente, a alternativa para o conflito é uma relação cujos termos se complementam: o *sadismo* e o *masoquismo*.

O masoquista, sem a pretensão de dominar o amante, mas de ser por ele dominado, abdica de sua liberdade e subjetividade, obstáculos, supõe, à sua assimilação pelo outro, que as conserva consigo. Pretende, dessa forma, ser desfrutado como objeto e se sentir como tal. O empenho se revela inútil, pois lhe é impossível renunciar a se ver como sujeito, frustrando, assim, o esforço do sadista em fazê-lo sentir-se a si mesmo como objeto. O sadomasoquismo é a tentativa – vã – de escaparmos da dualidade de nosso ser.

O amor, portanto, como as demais formas de relacionamento humano, é conflito, eis a conclusão de Sartre.

Ao investigar as relações do corpo com a consciência, Sartre se detém na questão da sexualidade.

O homem não é um animal sexual porque possui um sexo, diz Sartre, discordando, dessa maneira, da fisiologia clássica. Para ele, é justamente o contrário o que ocorre. A sexualidade infantil precede a maturação fisiológica dos órgãos sexuais. Os eunucos, apesar dessa condição, não deixam de desejar. Tampouco as pessoas muito idosas. Dispor de um órgão sexual apto à procriação e ao prazer não representa mais que uma fase e um aspecto da sexualidade humana. Por conseguinte, o desejo sexual não se resume à mera imposição biológica, nem o amor se esgota no relacionamento carnal. Se assim fosse, obtida a satisfação sexual, o amor e o desejo se extinguiriam. É fato que o ato sexual, satisfazendo o desejo, liberta-nos momentaneamente dele, mas não o extingue. O desejável, diz Sartre, é o próprio desejo, significando com isso que o desejo não precisa da satisfação sexual como princípio básico para existir. Eis aqui, portanto, a razão do fracasso amoroso. Com efeito, por meio do desejo o indivíduo tem consciência de seu próprio corpo. O desejo é a tentativa de transformar o corpo em pura carne, de *encarnar* o corpo alheio. Nesse sentido, as carícias amorosas nada mais são que essa percepção corpórea, a apropriação do corpo do outro. Quando acaricio alguém, faço nascer sua carne por meio das carícias, sob meus dedos. As carícias são o conjunto de cerimônias que *encarnam* o outro, elas fazem nascer o outro como carne para mim e para ele. Assim, não são de modo algum distintas do desejo. Acariciar e desejar são uma única e mesma coisa. O desejo, escreve Sartre, expressa-se pela carícia como o pensamento pela linguagem.

Mediante o desejo, o amante pretende apossar-se da subjetividade da pessoa amada, intuito frustrado porquanto a consciência do outro permanece "intocável". O amante volta então o desejo para si mesmo. Impossibilitado de possuir a consciência do outro, satisfaz-se com seu próprio corpo. Por isso, frisa Sartre, quando os amantes se acariciam, na verdade estão acariciando a si mesmos. Consequentemente, toda teoria que tentar explicar nosso desejo *de* uma mulher e não simplesmente nossa satisfação, fracassará.

É interessante assinalar aqui que as ideias de Sartre expostas assemelham-se à concepção platônica do amor. No diálogo *Banquete*, por meio de Sócrates, Platão concebe o amor não como um estado de plenitude ou perfeição, mas como o símbolo de uma carência. Na teoria platônica, o amor é descrito como um intermediário entre o perfeito e o imperfeito, entre a privação e a plenitude. Mais precisamente: amar é desejar, é buscar algo que não se tem. Buscamos aquilo que nos falta. Deseja-se aquilo de que se é carente. Pois – pergunta Platão – porventura desejaria quem já é grande ser grande, ou quem já é forte ser forte?

Na quarta parte, "Ter, fazer ser", Sartre se ocupa do exame do homem em suas condutas básicas, do homem em *situação*, para usarmos uma expressão de acento nitidamente existencialista. É nesta parte de *O ser e o nada* em que mais minuciosamente se encontra exposto o conceito sartriano de liberdade, sumariado, conforme já vimos, em *O existencialismo é um humanismo*.

É ainda aqui que outro tema é aprofundado: o da *morte*.

Já observamos, no capítulo dedicado a Heidegger, que a concepção deste sobre a morte difere bastante daquela formada por Sartre. Enquanto o primeiro sustenta que o homem é um *"ser-para-a-morte"*, querendo com isso caracterizá-la como o supremo projeto humano, visto ser ela que dá ao indivíduo a totalidade do seu ser, o outro afirma que a morte não pode figurar entre as possibilidades do homem, justamente pela sua condição de aniquiladora de todos os seus projetos. A morte, contrariamente ao que prega Heidegger, não é o que confere significado à vida, e sim o acontecimento que lhe retira qualquer sentido.

Enquanto a concepção heideggeriana da morte poderia ter como epígrafe a afirmação platônica de que

Sartre.

a filosofia é uma preparação para a morte, a de Sartre se identifica perfeitamente com aquela defendida pelo estoicismo. Senão vejamos: no diálogo *Fédon ou da alma*, de Platão, encontram-se relatadas as reflexões de Sócrates sobre a morte, de acordo com as impressões recolhidas por seus discípulos. Dirigindo-se a dois deles, diz Sócrates, nos momentos finais de sua vida: "Os homens ignoram que os verdadeiros filósofos trabalham durante toda sua vida na preparação de sua morte e para estar mortos; sendo assim, seria ridículo que, depois de ter perseguido este único fim, sem descanso, retrocedessem e tremessem diante da morte." Já para os estóicos, a morte não é nada para o homem. Quando vivo, ele não precisa temê-la, pois sua preocupação exclusiva deve ser com a vida. Morto, desaparece o temor, visto que o medo é uma manifestação da consciência.

De qualquer maneira, como bem observou o crítico Robert G. Olsen, não se deve apresentar a concepção platônica da morte como rigorosamente oposta à do estoicismo. Em ambas, prevalece a diferença diante da morte, no caso de Platão expressa pela forma com que ele descreve a atitude de Sócrates em face de seu destino, ou seja, de absoluta calma. O existencialismo sartriano cultiva essa indiferença diante da morte, encarada esta como a nadificação de meus projetos. Mas não apenas isso. Ela petrifica os meus atos – o "para-si" se transforma num "em-si". Por quê? Porque ela permite que o ponto de vista do outro prevaleça, pois é ele que passa a decidir sobre mim. Enquanto estou vivo, meu passado me pertence. Morto, o outro se apossa dele, torna-se seu guardião.

O ser e o nada conclui com o anúncio de Sartre de escrever um livro no qual exporia sua ética – a ética existencialista – apenas esboçada nas páginas da obra que acabamos de resumir. Acrescente-se que a promessa jamais foi cumprida.[4] Dos autores existencialistas, apenas Simone de Beauvoir preocupou-se em

---

4 Mais de uma vez, Sartre desistiu de levar adiante tarefas que começara, ou de cumprir integralmente outras que prometera. Relata Simone de Beauvoir em suas memórias que, em fins dos anos 1930, Sartre iniciou um tratado sobre psicologia fenomenológica intitulado *La Psyché*, abandonado quando já redigira cerca de quatrocentas páginas. Outras centenas de páginas sobre o poeta Mallarmé se perderam. Inacabado ficou também o romance *La Reine Albermale et le Dernier Touriste*, que teve alguns fragmentos publicados. Sartre alegou falta de tempo para concluí-lo. A tetralogia romanesca *Os caminhos da liberdade* findou sendo uma trilogia. Do IV volume que se chamaria *A última oportunidade*, foram publicados alguns trechos. A continuação da *Crítica da razão dialética* também não houve, assim como não foi levada avante a prometida biografia de Dostoiévski. A derradeira grande obra de Sartre, o estudo sobre Flaubert, *O idiota da família*, ficou sem o último volume.
Se é de se lamentar a propensão de Sartre a renunciar a certos empreendimentos, noutras ocasiões deve-se louvar seu descumprimento a outras promessas feitas. Tal é o caso de sua declaração de que não voltaria a escrever mais para o teatro, instituição, afirmou certa vez, arruinada pelas exigências de seu único público – a burguesia. Depois disso, Sartre escreveu ainda duas peças: *As troianas* e *O sequestrado de altona*.

escrever um livro inteiramente dedicado ao tema, *Por uma moral da ambiguidade*. Os resultados não foram plenamente satisfatórios, conforme a própria autora reconheceu ao declarar que de todas as suas obras a que escreveu sobre ética é a que mais a desgostou. Como ela mesma afirmou, a elaboração do livro obedeceu primordialmente à necessidade de combater as deturpações e ataques dirigidos contra o existencialismo.

A excepcional repercussão do pensamento sartriano, irradiando-se pelo mundo todo, e a grande influência daí resultante sobre uma geração inteira de intelectuais, deveram-se, não custa repetir, aos extraordinários dotes de Sartre como filósofo e como escritor. De extrema versatilidade, sua produção intelectual, voltamos a lembrar, se caracteriza pela enorme diversificação, assombrando pela qualidade e quantidade, abrangendo os campos da filosofia, do teatro, da literatura, da crítica literária, do jornalismo, sem falar de sua envergadura moral, que o conduziu sempre à defesa da causa dos oprimidos. Impõe-se, por isso, uma referência, mesmo breve, à obra literária e dramatúrgica de Sartre.

Prevalece entre alguns críticos, incluindo alguns favoráveis ao filósofo, a ideia – para nós totalmente errônea – de que a obra literária e teatral de Sartre não passa de mera ilustração de seu pensamento filosófico. Segundo esse ponto de vista, sua literatura – ficcional e dramática – constituiria a chamada literatura de tese, surgida da necessidade de levar suas ideias a um público mais amplo, numa linguagem menos complexa e técnica do que aquela contida nos tratados filosóficos. Há mesmo quem afirme que Sartre outra coisa não fez que converter em literatura a reflexão filosófica de Heidegger. Nada mais falso. Como notou muito bem o crítico inglês Philip Thody, Sartre não se esquece, em sua obra de ficção, de que a literatura, tradicionalmente, também se ocupa em entreter o leitor. Por conseguinte, se os escritos literários sartrianos são fundamentados em abstratas teses filosóficas, nem por isso deixam de obedecer aos critérios estéticos que presidem a criação literária. Nossa opinião é de que Sartre, além de filósofo, é também um escritor no sentido pleno do termo. Logo, a qualidade artística de seus romances, contos e peças teatrais independe do valor que se atribua a seu pensamento filosófico.

A náusea (1938), romance que o projetou universalmente, garante a inclusão de Sartre entre os grandes ficcionistas do século XX.

Originalmente intitulado *Melancolia*, *A náusea* é um exemplar típico do romance existencialista, expressando literalmente a contingência do "ser-no-mundo", a angústia do ser. A narrativa assume a forma de um diário, encontrado, segundo a nota de fictícios editores, entre os papéis de um tal Antoine Roquentin. Advertem ainda os editores que embora a primeira página não esteja datada (seu título é precisamente "Folha sem data"), tudo indica que ela foi escrita poucas semanas antes do começo do diário propriamente dito, possivelmente em janeiro de 1932. A nota conclui informando que, antes de se fixar em Bouville, cenário da história, Roquentin viajara pela Europa Central, norte da África e Extremo-Oriente.

O livro apresenta, de fato, as características de um diário: anotações datadas, palavras deixadas em branco, outras riscadas, etc. Roquentin é um intelectual pequeno-burguês, solitário, sem amigos, sem raízes, vivendo na província de Bouville, onde se dedica a escrever a biografia de um certo senhor Rollebon, aventureiro que teria vivido no século XVIII. Bouville é a transfiguração literária do Havre, porto do litoral atlântico francês onde Sartre iniciou sua carreira de professor de filosofia numa escola secundária.

Roquentin mora numa pensão, cuja proprietária, Françoise, ocasionalmente vai para a cama com ele, cortesia que ela concede a vários outros hóspedes da casa. Sua vida resume-se a frequentar o Café Mably e a pesquisar na biblioteca pública da cidade o material para a biografia que está escrevendo. Nos momentos em que se encontra recolhido em seu quarto, recorda-se da amante, Anny, uma atriz que deixou em Paris. Fora disso, tudo mais lhe parece sem interesse, as pessoas, as coisas, ele mesmo. Muito apropriadamente, o romance traz uma epígrafe, de autoria de um escritor francês, que define de maneira perfeita a situação do protagonista:

"É um homem sem importância coletiva, exatamente um indivíduo".

Além de Roquentin, o outro frequentador assíduo da biblioteca é uma figura designada unicamente como o Autodidata. Certa ocasião, ao recordar o nome dos últimos autores consultados pela estranha figura, todos começando pela letra L, Roquentin descobre que se trata de alguém que se vai instruindo em ordem alfabética dos nomes dos autores. Assim, o autodidata, cujo objetivo era adquirir cultura lendo alfabeticamente todos os volumes da biblioteca, passa, de imediato, de um estudo sobre a mecânica quântica para um panfleto católico contra o darwinismo. Por meio dessa personagem, Sartre ridiculariza as ilusões intelectuais do homem. Roquentin, ao contrário de seu companheiro de leitura, é um espírito crítico, cético, cujo interesse permanente é a tentativa de compreender sua própria existência. Não tê-la compreendido leva-o a aborrecer-se com as mínimas coisas. Uma simples pedrinha com que brinca lhe causa um certo desconforto. O talher disposto numa mesa de restaurante lhe dá a impressão de vida própria.

Qual o motivo dessas sensações?

Para Roquentin, não existe uma razão que explique a existência dos seres e dos acontecimentos. Enquanto a figura de um círculo pode ser definida sem que se recorra a nada que lhe esteja fora, bastando explicá-la como a rotação de uma reta em torno de uma de suas extremidades, os objetos não trazem em si mesmos a explicação para a sua existência. Pelo contrário, eles surgem sem razão e desaparecem por acidente. Nenhuma coisa traz consigo sua razão de ser. Nada contém em si mesmo sua própria definição. Tudo é pura contingência, absurdo.

Comumente, acredita-se que o mundo é obra divina criada para o homem, o que implica aceitar a necessidade dessa criação, logo, de uma finalidade dela. Afirmar, então, que algo é contingente é supor que sua existência é sem sentido, sem explicação. Dizer, por exemplo, que o mundo é contingente é descrer que sua criação obedeceu a uma vontade superior, que assim procedeu visando a determinados desígnios. Num mundo contingente, portanto, o homem sente-se jogado nele, sem qualquer ponto de referência que não seja ele mesmo. Não há leis morais estabelecidas que lhe orientem a vida – cabe-lhe criá-las.

Essa contingência, a gratuidade de sua própria existência, provoca em Roquentin sensações de náusea, sem que ele descubra seu significado. Ele a experimenta várias vezes e em diferentes lugares. A descoberta dessa contingência radical ocorrerá num dia em que ele se encontra sentado num banco de jardim público. De repente, certas verdades existenciais se lhe revelam: tudo o que o cerca no jardim reduz-se a um mero "estar-aí", gratuito, absurdo, sem por quê, nem para quê. Tudo lhe surge como pura contingência, gratuidade. As árvores, a cidade, o banco no qual está sentado, o jardim, ele mesmo, estão lá, mas poderiam não estar. Nada há que justifique sua existência e a das coisas que o rodeiam. A sensação de náusea que o acomete resulta da descoberta de que a sua vida lhe foi dada para nada. Seu coração se transforma, tudo parece flutuar em torno dele. Eis a náusea. Não se trata de um distúrbio fisiológico, mas de uma experiência metafísica. Roquentin tenta superá-la, ainda que isso lhe custe viver como os burgueses canalhas de Bouville, aos quais devota enorme desprezo. Quem são essas criaturas desprezíveis? São os que exercitam a má-fé, os que procuram fugir da angústia de ser totalmente livres por meio da atitude mentirosa que adotam em relação a si e aos outros.

Roquentin decide, então, retornar a Paris almejando reconciliar-se com sua antiga amante. Malogra na tentativa. Anny, desde que se separaram, acomodou-se numa vida tipicamente burguesa, à qual não pretende renunciar. Só resta a Roquentin retornar a Bouville, impossibilitado que se viu de reatar o relacionamento do passado. Desiste também de continuar a projetada biografia do senhor Rollebon, dedicando-se, em seu lugar, a escrever um romance. A arte lhe surge como a única forma de conceber um sentido para sua existência. Tal ideia lhe surgiu a partir de uma canção, *Some of These Days*, um velho *ragtime* que ele ouvira os soldados americanos assobiarem, em 1917, em território francês. Em várias ocasiões, livrara-se da náusea ouvindo essa música. Quando retorna ao Café Mably, de volta de Paris, pede à criada que ponha na vitrola sua canção predileta. Ao ouvi-la, reflete que, mesmo quebrando o disco, isso não alteraria a melodia, porque ela não depende de coisas que meramente existem – a cera do disco, a vitrola, o ambiente onde é tocada –, mas pertence a uma outra realidade. Ela *é*. A música está para além, sempre muito além de qualquer coisa, seja uma voz ou uma nota de violino. Ela aparece delgada e firme, através de camadas e de camadas existência. Ao tentar agarrá-la, deparamo-nos apenas com existentes desprovidos de sentido. Não existe, porque nela nada é demais. Todo o resto é que é demais em relação a ela.

Era justamente isso que Roquentin desejava – ele também quis *ser*, explicar a existência fora de si mesmo. A partir dessas divagações, Roquentin passa a meditar sobre a possibilidade de a arte justificar a existência humana. Ele se indaga se não poderia tentar essa saída, não que pretendesse compor uma música. Mas não poderia tentar um gênero diferente? Sim. E tinha de ser um livro, porque, reconhece, outra coisa não sabia fazer. Contudo, não poderia ser um livro de História, porque esta fala do que existe – e nunca um existente pode justificar a vida de outro existente. Seu erro, confessa Roquentin, foi o de querer ressuscitar o senhor Rollebon.

O livro que desejava escrever deveria traduzir aquelas mesmas qualidades da música, livre, portanto, das coisas materiais, inevitavelmente contingentes. Deveria ser um livro de forma pura, no qual os elementos se sucedessem uns aos outros como as notas de uma música.

Também no teatro, Sartre conseguiu impor-se como um dos grandes dramaturgos de nosso tempo. Ele definiu seu teatro como um teatro de situações. O que isso significa? Se o homem é livre numa determinada situação – escreve Sartre –, e se escolhe a si próprio e através dessa situação, o teatro então terá de apresentar situações simples e humanas. A guerra lhe ofereceu a oportunidade de pôr tais ideias em prática. Em junho de 1940, a França, excetuada uma área do sul do país, foi ocupada pelas forças alemãs. O marechal Pétain, até então um herói nacional, assinou um armistício e instalou em Vichy um governo de colaboração. De Londres, onde se encontrava exilado, o general de Gaulle criou o movimento da França livre, apelando ao povo francês para que resistisse ao invasor.

Sartre, relata Simone de Beauvoir em suas memórias, desejava, por meio do teatro, falar sobre a liberdade, estimulando seus compatriotas a resistir à ocupação nazista, mas sem que os alemães percebessem, caso contrário, não haveria condições de a peça ser encenada. A necessidade de burlar a censura impedia-o de levar avante seu projeto inicial de contar a história de um terrorista cujos atos contra os alemães desencadeiam a execução de cinco reféns. Na impossibilidade de desenvolver semelhante enredo, Sartre vai então inspirar-se na mitologia grega, mais precisamente no ciclo da cidade de Argos, tema já explorado pelos grandes trágicos gregos Ésquilo, Eurípedes e Sófocles. Surgiu, assim, a peça *As moscas*, anunciada no programa como uma lenda grega. Eis uma das versões resumidas do mito: Clitemnestra, mulher de Agamenon, enquanto este esteve ausente, lutando na guerra de Tróia, tornou-se amante de Egisto. Quando Agamenon regressou, Clitemnestra fez com que o marido vestisse uma roupa sem abertura para a cabeça e os braços, o que lhe facilitou matá-lo, enquanto ele tentava desvencilhar-se da vestimenta, que lhe imobilizara os movimentos. A seguir aprisionou a filha do casal, Electra, e só não matou o filho, Orestes, porque este foi salvo pelo preceptor. Clitemnestra, ajudada em seus crimes pelo amante Egisto, foi morta anos depois por Orestes.

Na peça de Sartre, o povo de Argos sente-se culpado pelo assassinato do seu rei, Agamenon, da mesma forma que os franceses carregavam o peso da culpa pela derrota que lhes infringiram as forças hitleristas. Electra, que se recusou a ser cúmplice de sua mãe no crime, representava a parcela da população francesa que, embora moralmente contrária ao exército inimigo, não se dispunha a combatê-lo com armas. A aliança estabelecida por Electra com seu irmão, Orestes, dispostos, os dois, a libertar Argos, a qualquer preço, até mesmo cometendo o matricídio, se identificou com a luta dos resistentes pela libertação da França, decididos a matar os compatriotas que aderiram ao governo implantado pelos nazistas no país. Egisto representava o exército invasor que oprimia o povo; Clitemnestra, o regime colaboracionista; e as moscas que invadem Argos simbolizavam o medo da população diante das forças de ocupação. Enfim, o reino de Agamenon era a transposição alegórica da França ocupada.

    O sentido político da peça, não obstante seu simbolismo, era evidente para o público. Conforme escreveu Sartre, "a luta dos resistentes contra o governo de Vichy transforma-se na luta de Orestes contra Egisto e Clitemnestra, usurpadores do trono de Argos". Estranha-se, diante de tão grande analogia, que os alemães não a tenham percebido, permitindo assim que o texto fosse encenado. O que nem sempre é divulgado é que a peça teve sua montagem proibida semanas após a estreia, quando se tornou claro o que ela estava transmitindo. A explicação mais correta para o fato de as autoridades nazistas não terem percebido imediatamente o significado da história é a de que sua atenção fixou-se, a princípio, em seus aspectos metafísicos. Como destacou Simone de Beauvoir, era impossível enganar-se sobre o sentido político da peça. O crítico teatral de uma publicação alemã editada em Paris não se iludiu a respeito, sem que por isso deixasse de apreciar favoravelmente o texto, atitude também adotada pelas publicações clandestinas. Apenas os comentaristas que escreviam sob a França ocupada fingiram ignorar o sentido da peça, optando por julgá-la exclusivamente do ponto de vista da qualidade literária, que consideraram, aliás, má.

Orestes simboliza a liberdade individual. Seu gesto de vingança é um convite à luta. Sartre já observara em *O ser e o nada*, que a liberdade vazia se anula como liberdade – é preciso comprometê-la num ato para que exista. E é a esse comprometimento que ele conduz o herói da peça. Contra um homem livre, nem mesmo os deuses podem lutar. Orestes, desafiando Júpiter, afirma que ele é o rei dos deuses, das pedras, das estrelas, das ondas do mar, mas não é o rei dos homens. "Eu sou minha liberdade", declara Orestes.

A outra peça de Sartre caracteristicamente existencialista é *Entre quatro paredes*, originariamente intitulada *Os outros*.

A história agora aborda o antigo problema do *ser* e do *parecer*, aspectos, como vimos anteriormente, constitutivos da má-fé. A ação, transcorrida num único ato, desenrola-se num inferno simbólico, precisamente um quarto de hotel de província, sem janelas e espelhos, onde se encontram reunidos, condenados por toda a eternidade a uma existência falsa, três personagens. Cada um deles relata o crime pelo qual foi condenado: Garcin, um covarde que se tortura perante essa condição; Estela, assassina do próprio filho; Ignez, lésbica, culpada do suicídio da amante e do marido desta.

Cada personagem exemplifica a necessidade que o indivíduo tem do outro para fixar uma imagem estável de si próprio, para se autoiludir, ansiando ver refletida no olhar alheio a imagem de si que lhe oferece segurança, tema exaustivamente discutido em *O ser e o nada*, ou seja, o que cada um almeja é ser visto de uma maneira particular pelo outro. O drama se estabelece porque os outros se recusam a corresponder a tal anseio. Trata-se, portanto, da tentativa do indivíduo de enganar-se a si e aos outros sobre si mesmo. Ele passa a existir para o outro, o que o torna inautêntico, desprovido de uma afirmação pessoal e autônoma. Move-se em busca da cumplicidade do outro, desejando ser percebido por ele segundo a imagem que criou de si para si e para os outros. Tal ambição, repetimos, é frustrada pela recusa de nosso próximo em nos conceder aquilo que dele esperamos, malogro sintetizado pelo célebre aforismo: "O inferno são os outros". Garcin, Estela e Ignez são simultaneamente juiz, carrasco e vítima.

Quando vivo, Garcin, que tinha de si mesmo a imagem do herói, foge à responsabilidade que lhe confirmaria tal pretensão. Para os vivos, portanto, será eternamente um covarde. Morto, encontra-se inapelavelmente impossibilitado de realizar algum ato de coragem que o reabilite. Resta-lhe, apenas, no inferno, criar diante do outro a imagem do homem destemido. Estela dispõe-se a compactuar com ele, ou seja, ela lhe oferecerá a imagem que de si mesmo ele quer ver refletida em seus olhos. Em troca, ele a verá como uma vítima das circunstâncias. A cumplicidade, entretanto, não se efetiva, impedida que é pela presença de Ignez, decidida a provocar a rivalidade entre os dois, ao mesmo tempo que o homem impede o relacionamento amoroso entre as duas mulheres. Enfim, o conflito entre os três mostra-se insolúvel: cada um lembra aos demais suas culpas sem remissão. Os papéis de carrasco e vítimas se alternam entre eles.

A ausência de espelho no cenário tem uma função dramática: indica que cada personagem só pode ver a si próprio através do olhar do outro. Quando necessita retocar a pintura do rosto, Estela tem de seguir as indicações de Ignez. Na verdade, o inferno de *Entre quatro paredes* é o olhar do outro, que, como diz Sartre, em *O ser e o nada*, obriga a que nos julguemos a nós mesmos como coisa. O outro tema subjacente na peça é o da morte, que transforma a vida em destino. Os vivos dispõem do passado dos mortos, petrificando-os. Por isso, no mundo dos "para-si", Garcin, Estela e Ignez serão para todo o sempre covarde, infanticida e lésbica, respectivamente. Serão perpetuamente um "em-si".

Em novembro do ano de 1990, a Editora Gallimard lançou uma série de textos de Sartre, quase todos inéditos, escritos quando o filósofo tinha entre 17 e 22 anos. A organização desses textos ficou a cargo de dois especialistas do pensamento sartriano, Michel Ribolka e Michel Contat.

Já foram publicados três novelas, um conto, um ensaio e um caderno com uma série de reflexões. Essa parte da obra de Sartre, enquanto se manteve inédita, era do conhecimento de um grupo restrito de amigos seus.

OUTRAS CORRENTES EXISTENCIALISTAS

A bibliografia dedicada ao estudo do existencialismo reserva amiúde um capítulo ao exame das ideias de autores reconhecidamente secundários dentro do movimento. A inclusão quase sempre obedece a critérios meramente pessoais, variando segundo as afinidades intelectuais de quem se ocupa em escrever sobre o assunto ou do propósito de uma abordagem abrangente. Dependente da orientação que prevaleça, serão incluídos ou omitidos, por exemplo, nomes como os do espanhol Miguel de Unamuno (1864-1936) e do judeu-alemão Martin Buber (1878-1965).

Com maior frequência ainda atribui-se erradamente filiação existencialista a figuras que, não obstante exprimirem em suas obras certas teses existencialistas, na verdade representam orientação filosófica diversa. O fenomenólogo francês Maurice Merleau-Ponty (1918-1961) é um exemplo típico. Também é o caso, embora menos exemplar, do escritor franco-argelino Albert Camus (1913-1960). Em ambos, o equívoco – à parte originar-se da falta de rigor conceitual de alguns críticos – viu-se reforçado pelos laços de amizade (depois rompidos) que mantiveram com Sartre durante longos anos, relacionamento irrelevante como indicador de identificação ideológica.

Albert Camus

Depois de Sartre, os filósofos mais representativamente existencialistas são Karl Jaspers e Gabriel Marcel, a despeito de eles mesmos terem se manifestado contrários a tal classificação, conforme proposta na conferência *O existencialismo é um humanismo*, que os inclui na vertente cristã do movimento. Nenhuma dúvida paira, é fato, quanto às divergências doutrinárias – acentuadas, algumas – que separam as correntes existencialistas. Mas nem por isso é lícito desvinculá-las de uma atitude comum diante de determinadas questões filosóficas. Diferenças à parte, reúnem-se todas em igual ponto de partida, a saber, a escolha da existência humana, individual e concreta como origem de sua reflexão. Dessa forma, cremos que um trabalho meramente introdutório às teses básicas do existencialismo pode prescindir do exame das ideias de Jaspers e Marcel.

Existencialismo e marxismo

O existencialismo, conforme assinalamos no capítulo II, já não ostenta o mesmo vigor de suas manifestações iniciais, cercadas de tanto estardalhaço, em que tanto se deleitava uma imprensa ávida de sensacionalismo. Sua influência intelectual diminui sensivelmente, não resta dúvida. Os críticos hostis apontam o fenômeno como a prova mais eloquente de que o movimento não passou realmente de simples modismo, o que confirmaria o julgamento que dele fizeram. Por fidelidade à atitude, mantida até aqui, de não exceder o caráter basicamente expositivo destas páginas, renunciamos a examinar criticamente as objeções desse teor. Contudo, sem que isso contradiga nosso propósito, permitimo-nos algumas considerações sobre a evolução ideológica de Sartre, seu abandono das posições filosóficas iniciais, fato, a nosso ver, bastante esclarecedor da queda de prestígio do existencialismo, não tivesse sido Sartre, como o dissemos anteriormente, sua figura mais notável.

Alguém já observou que não foi a filosofia de Sartre que o distinguiu dos demais pensadores existencialistas, mas sim sua atitude subjetiva diante dos problemas colocados pela História. Com efeito, Sartre jamais renunciou ser um homem de seu tempo. Nele, a prática política e a teoria andaram sempre juntas. Se é correto estabelecer ligação entre o surgimento do existencialismo e a crise em que mergulhou a sociedade burguesa do pós-guerra – cuja perda de hegemonia seus ideólogos procuraram identificar com a falência da própria civilização –, não é menos verdadeiro que a intensificação da militância política sartriana decorreu da compreensão que o filósofo teve da impossibilidade de permanecer apegado às suas ideias iniciais. O existencialismo, reconhece seu maior expoente, desenvolveu-se na Alemanha, particularmente com Jaspers, refletindo o clima de desânimo de um país devastado pela guerra, no qual a classe dominante, desejando justificar seus privilégios, apelava para uma suposta aristocracia da alma. Essa, entretanto, não era a orientação do existencialismo francês. Qual era, então? Era a de se desenvolver à margem do marxismo – não contra ele. Vejamos a seguir qual o significado dessa afirmação.

Deixando de lado seus escritos anteriores, a primeira abordagem profunda empreendida por Sartre acerca das relações entre o existencialismo e o marxismo aparece numa obra de circunstância, *Questão de método*, originariamente intitulada *Existencialismo e marxismo*, escrita a pedido de uma revista polonesa que decidira publicar um número especial sobre a cultura francesa, tendo-lhe sido proposto como tema a situação do existencialismo em 1957. Embora confessando seu desagrado em falar sobre o assunto, ele aceitou a incumbência, atraído pela oportunidade de apontar as contradições da filosofia num país – a Polônia – de cultura marxista.

Como situa Sartre o existencialismo diante do marxismo?

Segundo ele, o saber de nossa época é o marxismo. Trata-se, por isso mesmo, da filosofia insuperável de nosso tempo, quer dizer, nenhuma outra filosofia pode ir além do marxismo, pois as circunstâncias que lhe deram origem ainda não foram superadas. Ocorre, entretanto, que o marxismo tem-se mostrado até agora incapaz de desenvolver plenamente suas potencialidades. Persiste nele a separação entre a teoria e a prática, transformada esta no que Sartre denominou empirismo sem princípios e aquela num saber puro e estagnado. Nesse ponto, julgava Sartre, o existencialismo poderia ser extremamente útil ao marxismo, tendo-se em conta que o diálogo entre ambos se justificava pelo fato de ambicionarem atingir os mesmos objetivos. Só que o marxismo absorveu o homem na ideia, enquanto o existencialismo procura-o onde quer que esteja: no trabalho, em casa, na rua.

A *Crítica da razão dialética*, o livro que assinala formalmente a adesão de Sartre ao marxismo, desagradou a amplos setores do pensamento de esquerda, céticos quanto à consistência dessa conversão. A proposta de convergência entre existencialismo e marxismo lhes pareceu insatisfatória, opinião, saliente-se, compartilhada por críticos de outros matizes ideológicos ou mesmo entre marxistas afastados da ortodoxia doutrinária. Prevaleceu a ideia de que Sartre, não importa suas disposições subjetivas, manteve-se filosoficamente ligado aos postulados iniciais do existencialismo. O argumento foi reforçado pelo próprio Sartre ao declarar, em entrevista concedida ao completar 70 anos de idade, que, se tivesse de escolher um rótulo para sua filosofia, ficaria com o de existencialista.

Do mesmo modo que Kierkegaard protestou contra as pretensões hegelianas de elaborar um sistema totalizante, Sartre insiste no combate a uma filosofia generalizante, pois só assim, acrescenta, será possível garantir os direitos individuais. A peculiaridade do existencialismo, diz, consiste em exaltar a singularidade do indivíduo e de cada acontecimento histórico, tarefa perfeitamente realizável sob o ponto de vista marxista.

Indicação de leitura

Além das obras dos autores existencialistas, há uma volumosa bibliografia, em vários idiomas, sobre o existencialismo, seus autores e precursores. Torna-se, por isso mesmo, impossível uma relação exaustiva dos livros, artigos e ensaios publicados sobre o assunto. São arroladas, aqui, apenas algumas indicações básicas de leitura, mas o necessário, no caso, a quem almeja iniciar-se no tema.

Obras de autores existencialistas

Jean-Paul Sartre

▪ *L'être et le néant: essai d'ontologie phénoménologique*. Paris: Gallimard, 1976. No Brasil, *O ser e o nada: ensaio de antologia fenomenológica*, da Editora Vozes, Petrópolis, 1997, traduzida por Paulo Perdigão. ▪ *O existencialismo é um humanismo* (*L'existentialisme est un humanisme*), da Editorial Presença, Lisboa, s/d., tem tradução e notas de Vergílio Ferreira. A tradução aqui citada, reproduzida na edição brasileira e publicada pela Abril Cultural (São Paulo, 1973), traz um longo e excelente ensaio introdutório do tradutor. ▪ *Esboço de uma teoria das emoções* (*Esquisse d'une théorie des émotions*), da Editorial Presença, Lisboa, 1972, com tradução de A. Pastor Fernandes, tem prefácio e notas de João Lopes Alves. ▪ *Critique de la raison dialectique*. Paris: Gallimard, tome 1 – *Théorie des ensembles practiques*, 1960, e tome 2 – *Intelligibilité de l'histoire*, 1985. ▪ *A náusea* (*La nausée*), da Publicações Europa-América, Lisboa, 1970, tem tradução de Antônio Coimbra Martins. ▪ *Os caminhos da liberdade: a idade da razão/sursis/ com a morte na alma* (*Les chemins de la liberté: l'âge de raison/le sursis/la mort dans l'âme*), da Difel, São Paulo, 1968, foi traduzido por Sérgio Milliet. ▪ *Le mur*. Paris: Gallimard, 1939. · *As palavras* (*Les mots*). Tradução de J. Guinsburg. São Paulo: Difel, 1967, 3ª edição. ▪ *Huis Clos*. Paris: Gallimard, 1947. ▪ *As moscas* (*Les mouches*). Tradução de Nuno Vaiadas. Lisboa: Editorial Presença, 1979. ▪ *Baudelaire*. Introdução de Michel Leiris. Paris:Gallimard, 1988. ▪ *Mallarmé (La lucidité et sa face d'ombre)*. Texto estabelecido e anotado por Arlette Elkaim-Sartre. Paris: Gallimard, 1986. ▪ *O escritor não é político?*. Tradução de António Pescada, António Serra e Guilherme Valente. Lisboa: Publicações Dom Quixote, 1971. Trata-se de quatro textos, enfeixando entrevistas e depoimentos de Sartre, originariamente publicados na revista belga *Le Point*, em 1970. ▪ *Sartre no Brasil: a Conferência de Araraquara (Filosofia Marxista e Ideologia Existencialista)*. Tradução e apresentação de Luiz Roberto Salinas Fortes. Rio de Janeiro/ São Paulo: Paz e Terra/UNESP, 1986. O volume traz a conferência pronunciada por Sartre, em 4 de setembro de 1960, por ocasião de sua visita ao Brasil. Edição bilíngue francês-português. ▪ *Marxismo e existencialismo: controvérsia sobre a dialética (Marxisme et existencialisme: controverse sur la dialectique)*. Tradução de Luiz Serrano Pinto e apresentação de Eduardo Portella. Rio de Janeiro: Tempo Brasileiro, 1966. ▪ *Situations philosophiques (une idée fondamentale de la phenomenologie de Husserl: i'intentionalité/aller et retour/la liberté cartesienne/matérialisme et révolution/Merleau-Ponty/playdoyer pour les intellectuelles/L'anthropologie/l'universel singulier)*. Paris: Gallimard,1990. ▪ *L'idiot de la famille*. Paris: Gallimard, 1971-1972, 3 volumes. *Cahiers pour une morale*. Paris: Gallimard, 1983. ▪ *Verité e existence*. Seleção de textos, escritos na década de 1920, organizada por Michel Rybalka, Michel Contat e Michel Sicard. Paris: Gallimard, 1990.

MARTIN HEIDEGGER

▪ *Ser e tempo (Sein und Zeit)*. Tradução de Márcia de Sá Cavalcanti. Petrópolis: Editora Vozes, 1988 (Parte 1, 2ª edição) e 1989 (Parte II). ▪ *Heráclito* (Heraklit). Tradução de Márcia de Sá Cavalcanti Schuback. Rio de Janeiro: Relume-Dumará, 1998. ▪ *Acheminement vers la Parole* (Unterwegs sur Sprache). Tradução de Jean Beaufret, Wolfgang Brokmeier e François Fédier. Paris: Gallimard, 1976. ▪ *Que é metafísica?* (Was ist Metaphysik?). Tradução de Ernildo Stein e revisão de José Geraldo Nogueira Moutinho. São Paulo: Livraria Duas Ci-

dades, 1969. ▪ *Sobre o problema do ser* (Zur Seinsfrage) e
O caminho do campo (Der Feldweg). Tradução de Ernildo Stein e revisão de José Geraldo Nogueira Moutinho. São Paulo: Livraria Duas Cidades, 1969. ▪ *Sobre a essência da verdade* (Von Wesen der Warheit) e *A tese de Kant sobre o ser* (Kants These uber das Sein). Tradução de Ernildo Stein e revisão de José Geraldo Nogueira Moutinho. São Paulo: Livraria Duas Cidades, 1970. ▪ *Sobre a essência do fundamento (Von Wesen des Grundes)*, *A determinação do ser do ente segundo Leibniz* (Aus der letzen Marburger Vorlesung) e *Hegel e os gregos* (Hegel und die Griechen). Tradução de Ernildo Stein e revisão de José Geraldo Nogueira Moutinho. São Paulo: Livraria Duas Cidades, 1971. ▪ *Introdução à metafísica* (Einfurung in die Metaphysik). Introdução, tradução e notas de Emmanuel Carneiro Leão. Rio de Janeiro: Edições Tempo Brasileiro, 1969, 2ª edição. ▪ *Sobre o humanismo* (Uber der Humanismus). Introdução, tradução e notas de Emmanuel Carneiro Leão. Rio de Janeiro: Edições Tempo Brasileiro, 1967. (Há uma edição brasileira dessa mesma obra, com o título de *Carta sobre o humanismo*, publicada em 1991 pela Editora Moraes, traduzida por Rubens Eduardo Frias a partir da edição francesa). ▪ *Que é isto - a filosofia?* (Was ist das - die Philosophie?). Tradução de Ernildo Stein e revisão de José Geraldo Nogueira Moutinho. São Paulo: Livraria Duas Cidades, 1978. (Esta obra teve uma edição brasileira anterior, publicada em 1962 pela Imprensa da Universidade de Minas Gerais, com tradução de José Henrique dos Santos). ▪ *A afirmação de si da Universidade Alemã* (Die Sel-

bstbehauptung der deutschen Universitat). Tradução de Fausto Castilho e apresentação de Eduardo Rocha Virmond. Curitiba: Secretaria de Estado da Cultura, 1997. O pequeno volume traz, em edição bilíngue (alemão-português), o célebre discurso pronunciado por Heidegger quando; em 27 de maio de 1933, assumiu a Reitoria da Universidade de Friburgo de Brisgóvia.

KARL JASPERS
▪ *Filosofia da existência* (Existenzphilosophie). Tradução de Marco Aurélio Mattos. Rio de Janeiro: Editora Imago, 1973. ▪ - *Introdução ao pensamento filosófico* (Kleine Schule des Philosophischen Denkens). Tradução de Leônidas Hegenberg e Octanny Silveira da Mota. São Paulo: Editora Cultrix, 1971.

SOEREN KIERKEGAARD
▪ *Textos selecionados.* Seleção e tradução diretamente do original dinamarquês por Ernani Reichmann. Curitiba: Edições JR, 1972 (Essa mesma obra foi reeditada em 1978 pela Editora da Universidade do Paraná). ▪ *Étapes sur le chemin de la vie.* Tradução feita diretamente do original dinamarquês por F. Prior e M.-H. Guignot. Paris: Gallimard, 1975. • *Diário de um sedutor* (Forförerens *Daghog*)/*Temor e Tremor* (Frygt og Baeven)/*O desespero humano* (Sygdommen til Doeden). Tradução de Carlos Grifo, Maria José Marinho e Adolfo Casais Monteiro. São Paulo: Abril Cultural, 1974, 1ª edição. ▪ *In Vino Veritas/La Repetición.* Tradução feita diretamente do original dinamarquês por Gutiérrez Rivero. Madrid: Ediciones Guadarrama, 1976.

ALBERT CAMUS

- *O mito de Sísifo* (Le Mythe de Sisyphe). Tradução de Urbano Tavares Rodrigues. Lisboa: Editora Livros do Brasil, s/d. O volume traz um ensaio sobre Camus assinado por Liselotte Richter, com tradução de Ana de Freitas. ▪ *L' homme révolté*. Paris: Gallimard, 1951.(Há uma edição portuguesa dessa obra, publicada em Lisboa pela Editora Livros do Brasil, sem indicação de data, com uma excelente tradução de Virgínia Motta).

GABRIEL MARCEL

- *Être et avoir*. Paris: Aubier, 1935.

OBRAS DE INTRODUÇÃO AO EXISTENCIALISMO

BEAUFRET, Jean. *Introdução às filosofias da existência (Introduction aux philosophies de l'existence)*. Tradução de Selma Tannus Muchail. São Paulo: Duas Cidades, 1976.

COHEN-SOLAL, Annie. *Sartre: 1905-1980* (Sartre). Tradução de Milton Persson. Porto Alegre: L&PM, 1986.

_____. *Sartre* (Jean-Paul Sartre). Tradução de Paulo Neves. Porto Alegre: L&PM Pocket, 2005.

FOULQUIÉ, Paul. *O existencialismo (L'existentialisme)*. Tradução de J. Guinsburg. São Paulo: Difel, 1961.

GILLES, Thomas Ransom. *História do existencialismo e da fenomenologia*. São Paulo: E. P. U. Edusp, 1975. 2 volumes.

MACIEL, Luiz Carlos. *Sartre. Vida e obra*. Rio de Janeiro: José Álvaro Editor, 1967.
JOLIVET, Régis. *As doutrinas existencialistas* (*Les doctrines existentialistes*). Tradução de Antônio Queirós Vasconcellos e Alencastre. Porto: Editora Tavares Martins, 1953.
MARTINS, Diamantino. *Existencialismo*. Braga: Cruz, 1955.
MOUNIER, Emmanuel. *Introduction aux existentialismes*. Paris: Gallimard, 1962.
MOURÃO, Rhéa Sylvia. *Os caminhos do existencialismo no Brasil*. Belo Horizonte: O Lutador, 1986.
OLSON, Robert G. *Introdução ao existencialismo* (*An Introduction to Existentialism*). Tradução de Djalma Forjaz Neto. São Paulo: Brasiliense, 1970.
THODY, Philip. *Sartre. Uma introdução biográfica* (*Sartre*). Tradução de Paulo Perdigão e Amena Mayall. Rio de Janeiro: Bloch, 1971.
VIEIRA, R.A. Amaral. *Sartre e a revolta de nosso tempo*. Rio de Janeiro: Forense, 1967.
WAHL, Jean. *Les philosophies de l'existence*. Paris: Librairie Armand Colin, 1954.

Sobre o autor

Assim como um de nossos mais famosos humoristas já se definiu como um escritor sem estilo, eu gostaria de ser um autor sem biografia.

O relato de uma vida é quase sempre uma perda de tempo. O melhor é seguir o conselho de Georges Santayana, para quem só há um remédio contra o nascimento e a morte: aproveitar o período que os separa. Viver a vida e não narrá-la. Não apenas o silêncio, mas também a palavra é de ouro. Sejam afastados dela os perdulários. Por isso, deixemos tal exercício, ou seja, viver e descrever como e para que viveu, aos poucos felizes que conseguiram combinar, amiúde com gênio literário e sabedoria existencial, uma coisa e outra. Só uma minoria tem a sorte de ter a vida "escrita em folhas de ouro" (Rimbaud). Nem todo mundo (aliás, muito poucos) atende pelo nome de Santo Agostinho, Rousseau, Sartre ou Simone de Beauvoir. Outros, embora com sobejas credenciais para tanto, tendo, à maneira de Píndaro, "esgotado o campo do possível", abdicaram, seja por falta de tempo, seja por falta de (mau)-gosto, da reconstituição autobiográfica. Aliás, um deles, Marx, considerava que cada homem pode ser explicado em três páginas, estas, por sua vez, resumidas em três linhas ... Portanto, com uma existência que já se arrasta por seis décadas, quase kantianamente sem incidentes espetaculares, não posso ir além do que relato a seguir.

Desde o ano de 2005 aposentado (palavra que nos poupa do constrangedor "ex" para indicar o que, profissionalmente, já não mais somos), colaborei, com artigos e ensaios, em várias publicações culturais, dentre elas as revistas *Leitura, Encontros com* a *Civilização Brasileira* e *Socialismo & Democracia* (Editora Alfa-Omega) e, sempre nas áreas de arte e política, em alguns jornais, como o *Diário Carioca, Última Hora* e *Tribuna da Imprensa,* onde, nesse último, fui um dos editores de seu *Suplemento Literário.* Tive matérias publicadas nas revistas *CULT, Teoria* e *Debate* e *Tempo Brasileiro.* Em jornais e revistas, tive publicadas traduções das poet(is) as russas Anna Armátova e Marina Tsviêtáiêva e de seu compatriota Sierguêi lessiênin.

Publiquei alguns livros, dentre os quais *Períodos filosóficos* e *Wittgenstein* (ambos editados pela Ática) e *Sartre e o marxismo* (Editora 17). Melômano e jazzófilo em particular, já assinei a apresentação de álbuns de artistas como o violonista e cantor brasileiro Paulinho Garcia, o saxofonista e flautista americano Greg Fishman, a cantora e violonista americana Judith Kay e o cantor e baixista belga Henk DeLaat. Traduzi, com Eliane Zagury e Carlos Augusto Corrêa, *Os primeiros contos de dez mestres da narrativa latino-americana,* de Ángel Ráma (Paz e Terra, 1978), ficando a meu encargo textos de José Maria Arguedas, Júlio Cortázar e Gabriel García Márquez.

Tenho dois livros inéditos à espera de editores.